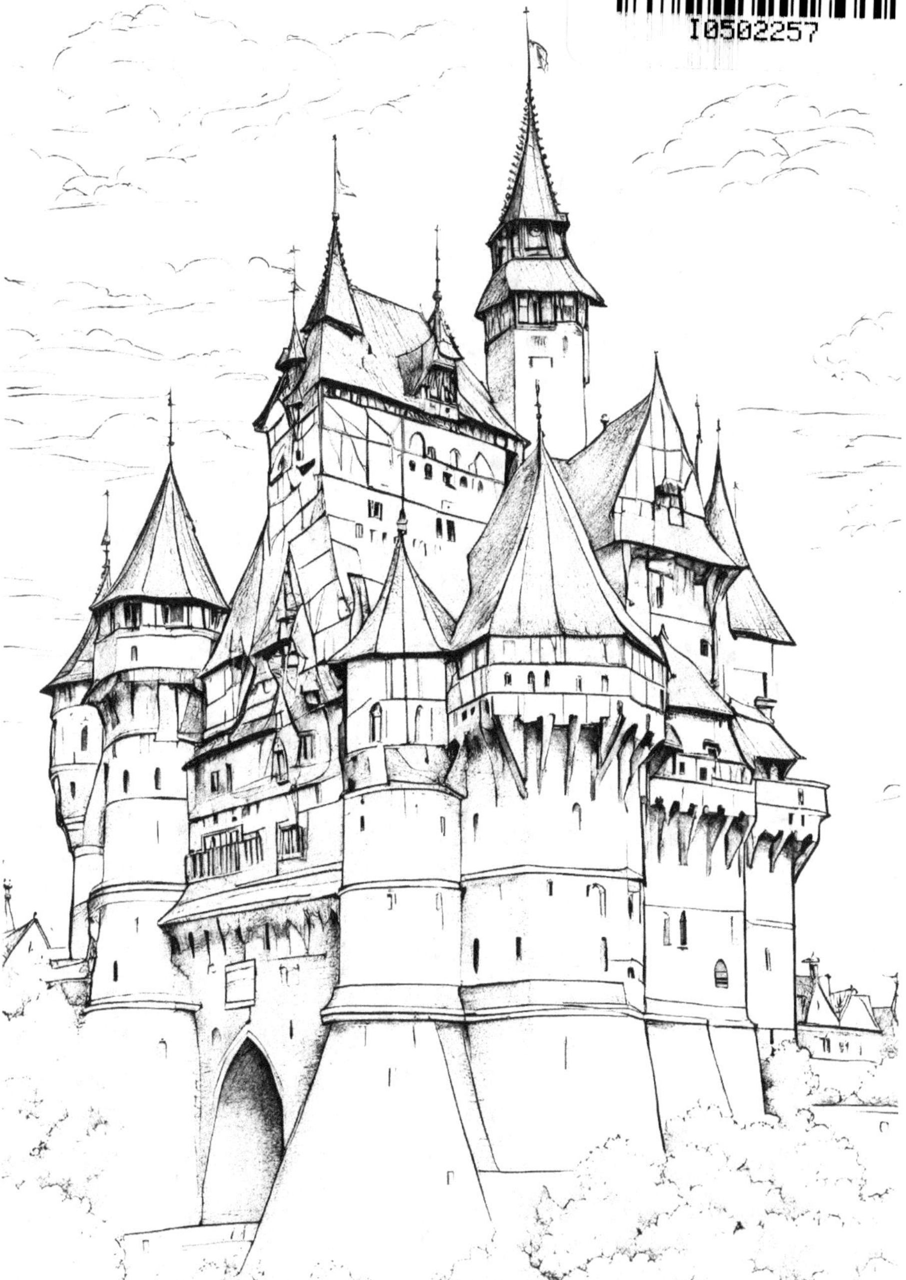

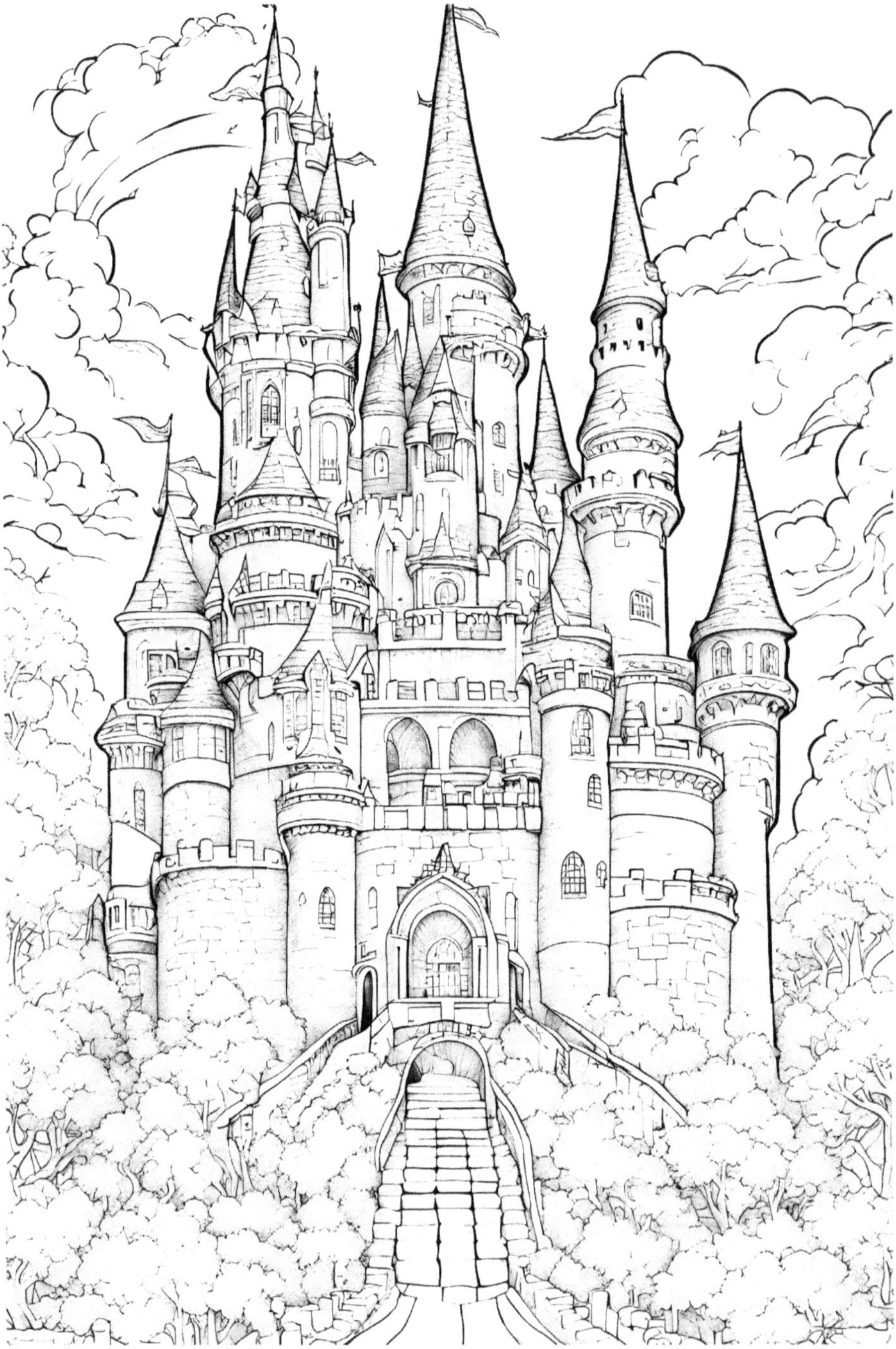

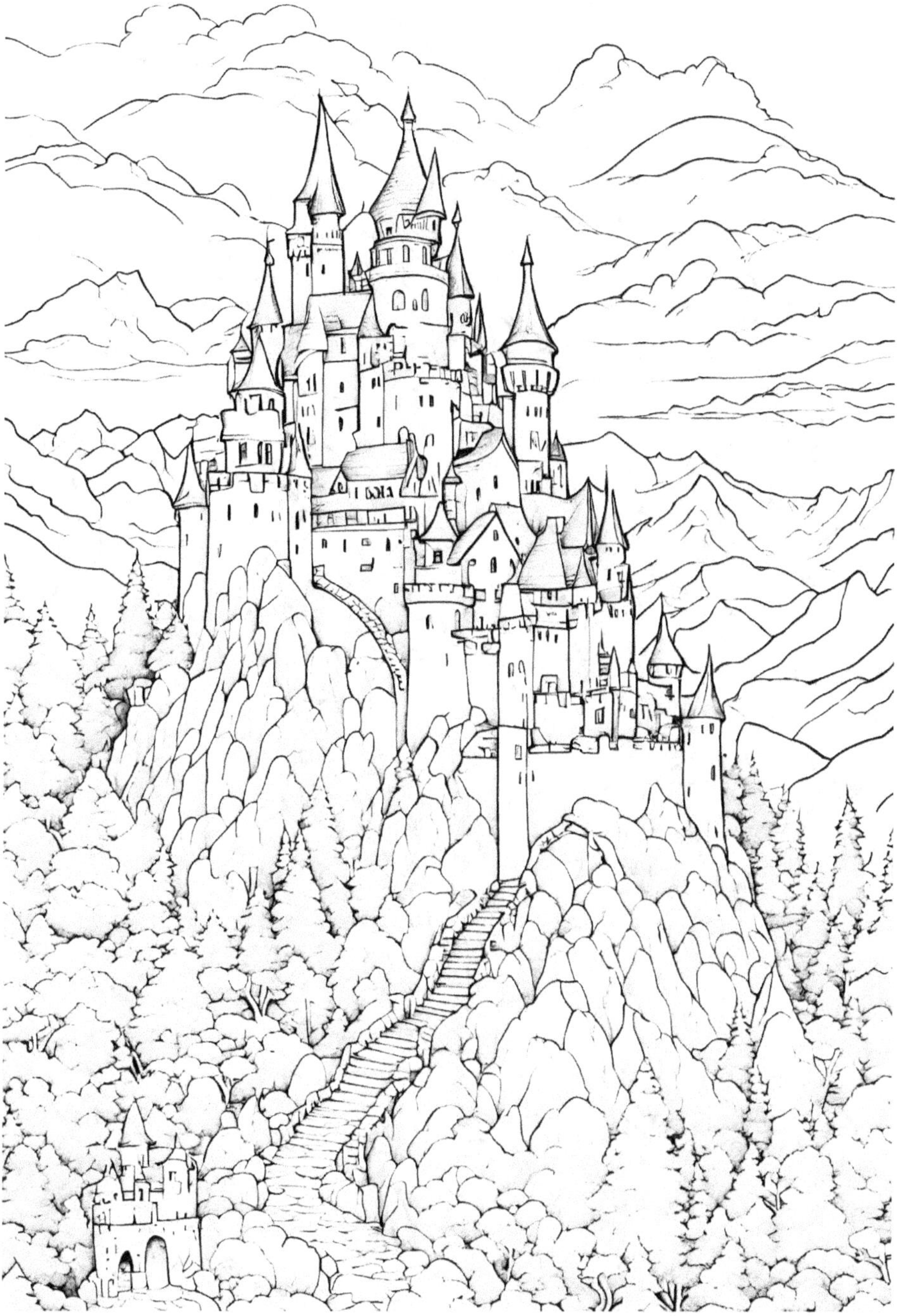

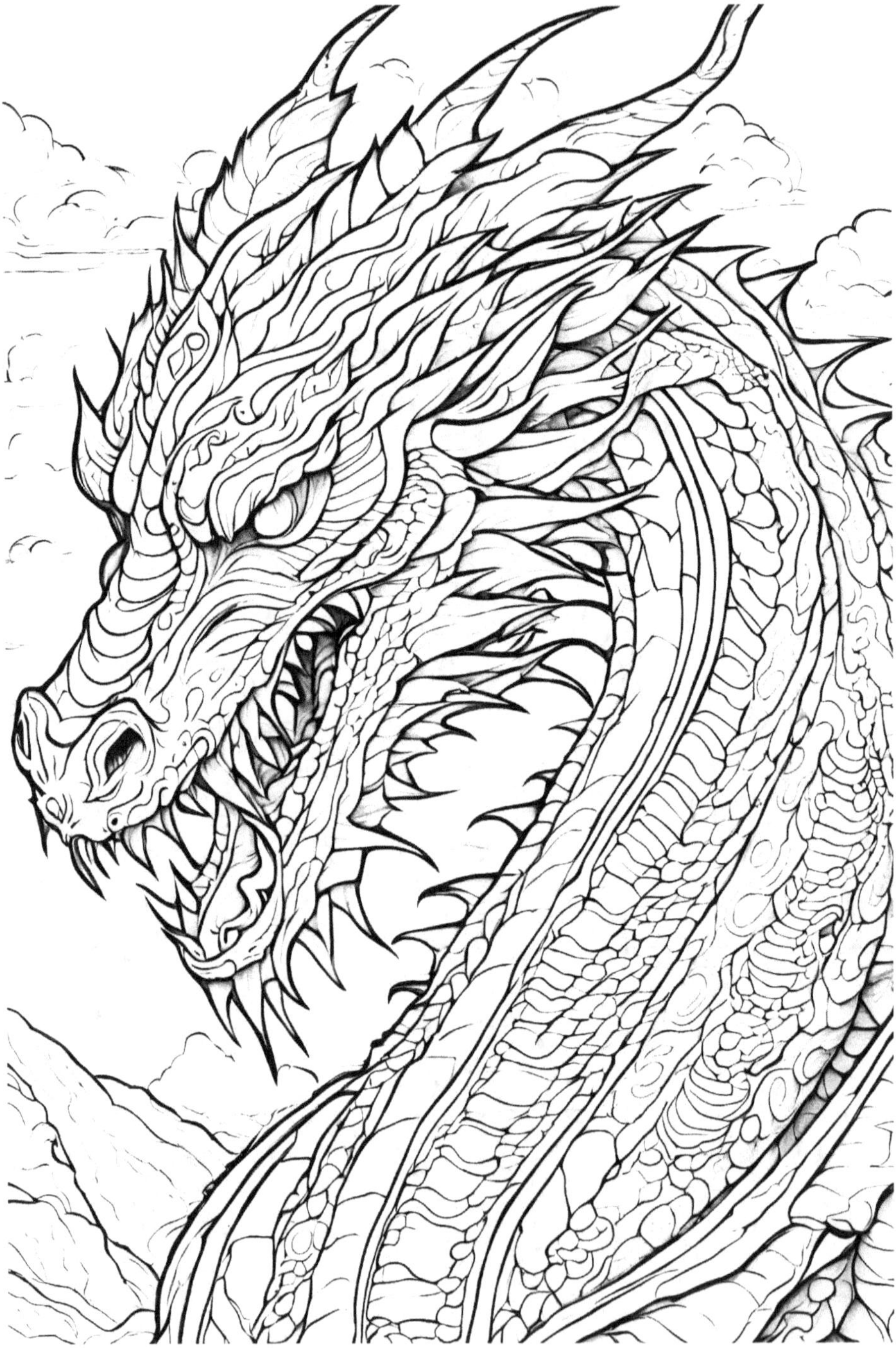

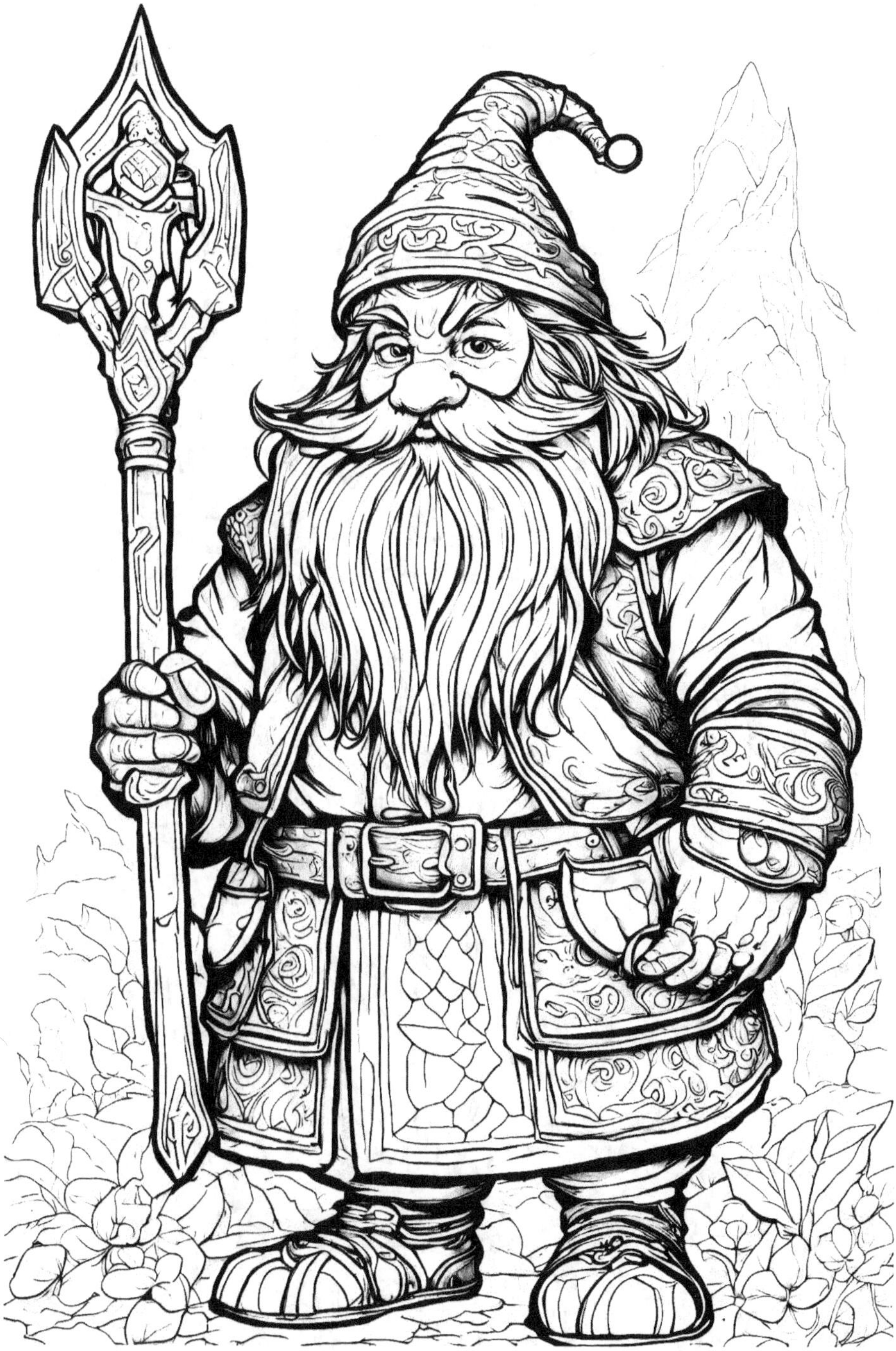

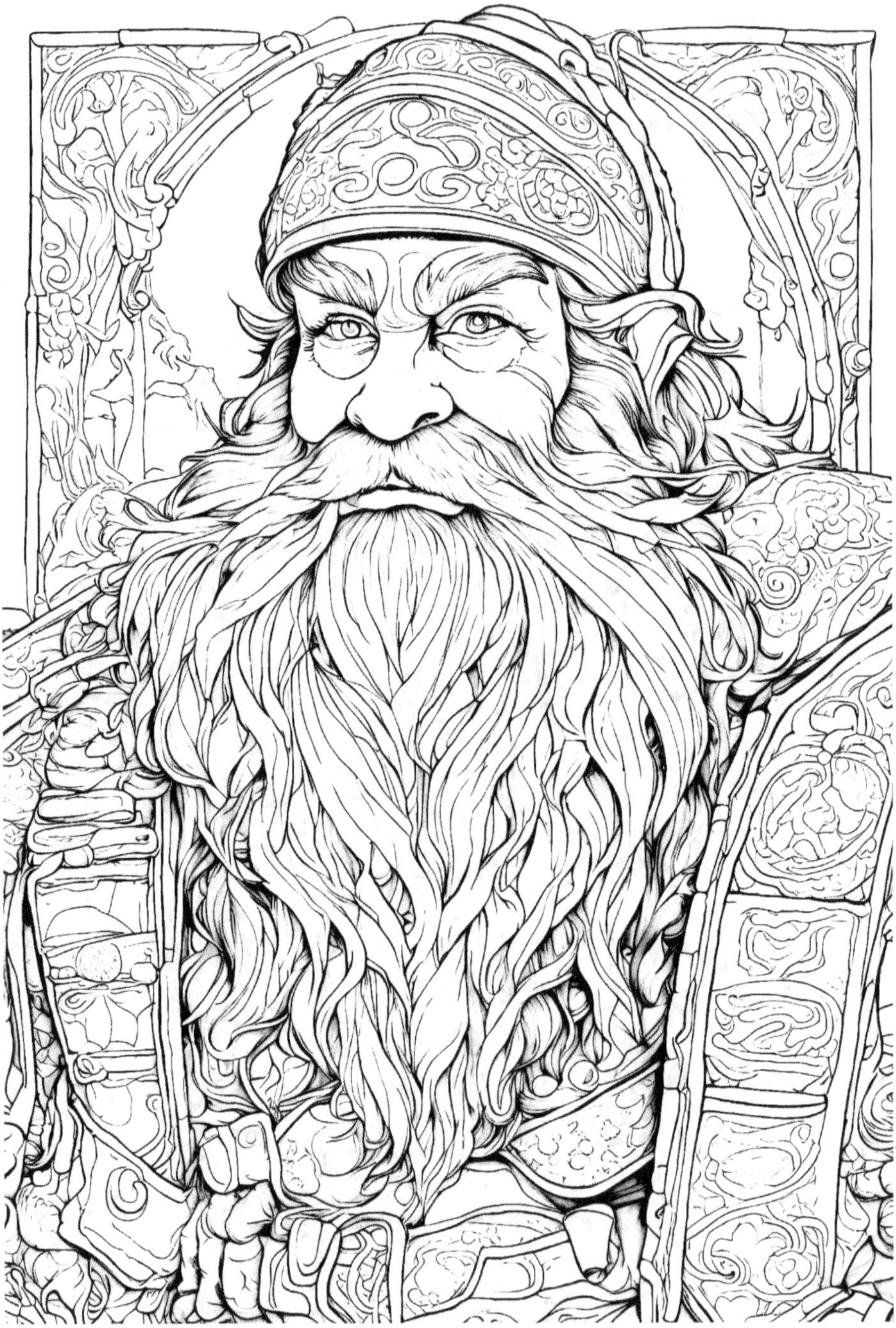

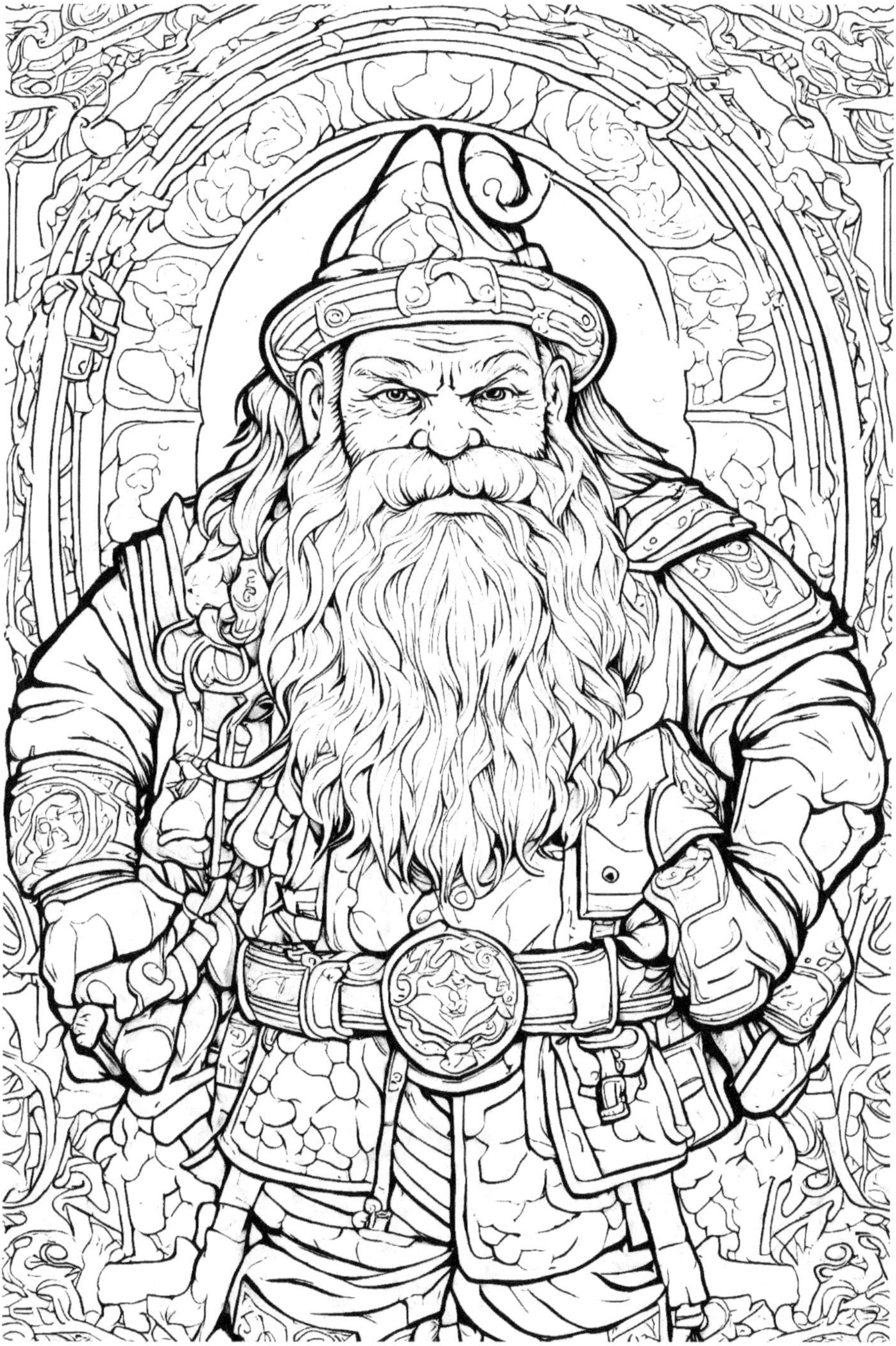

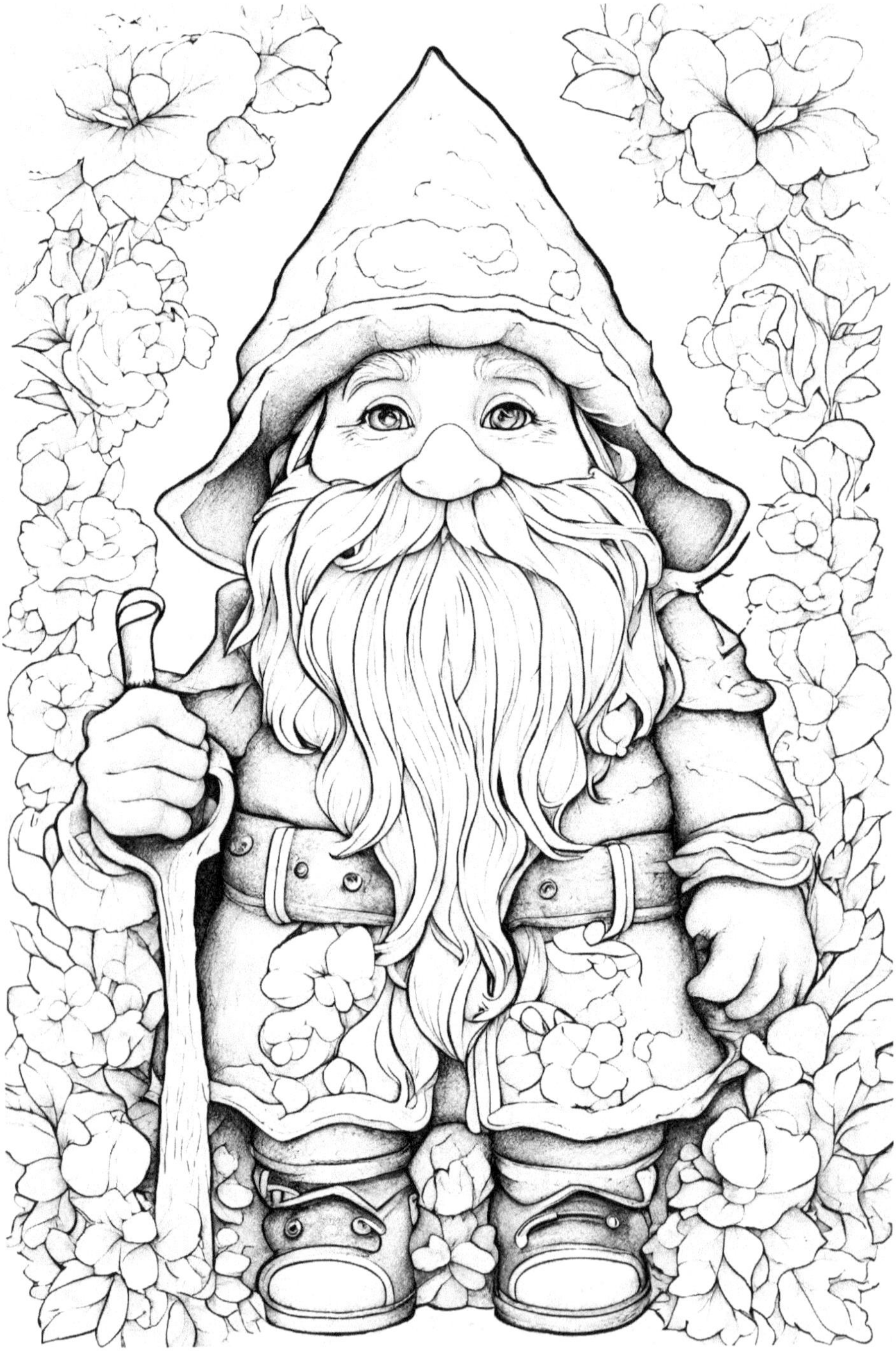

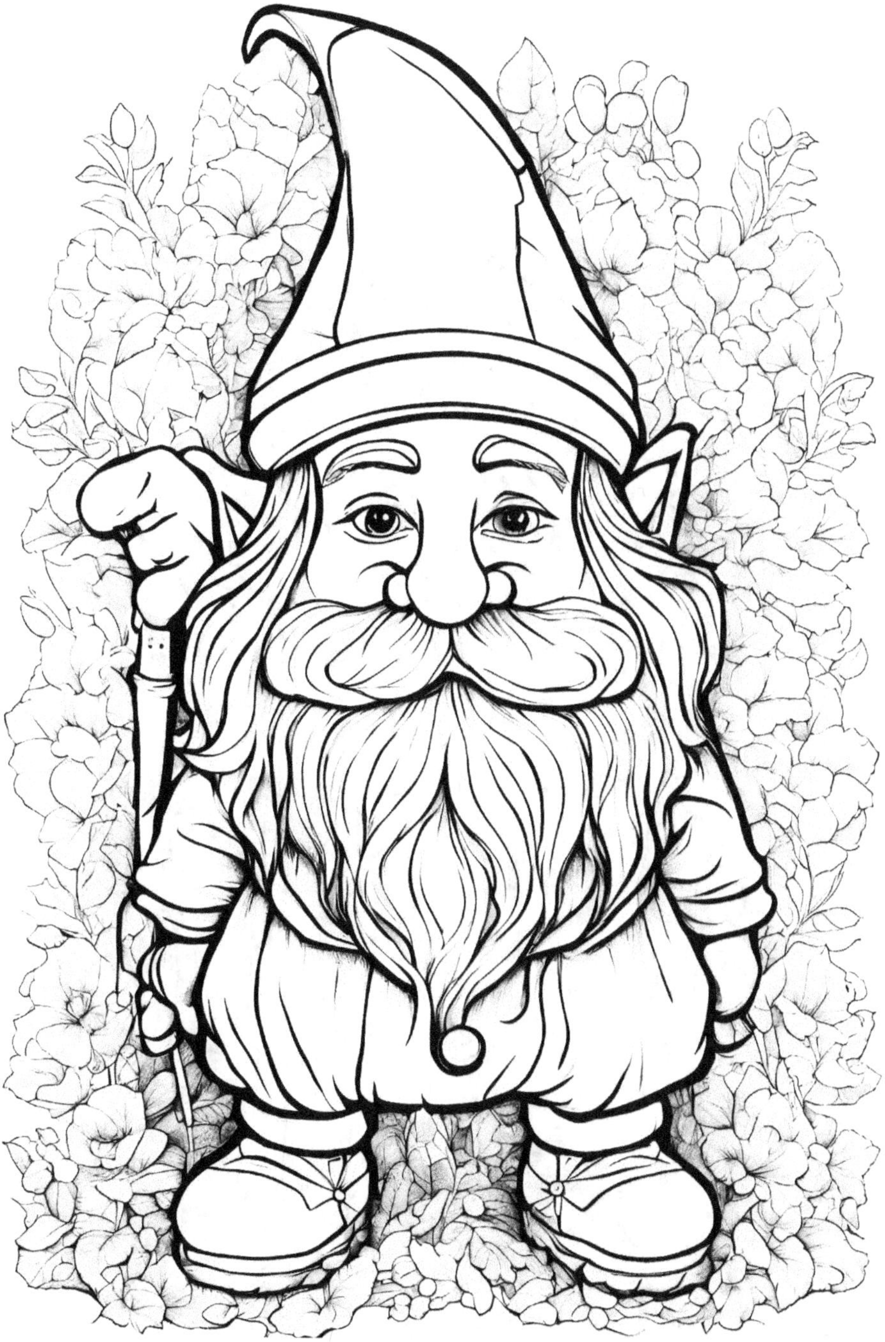

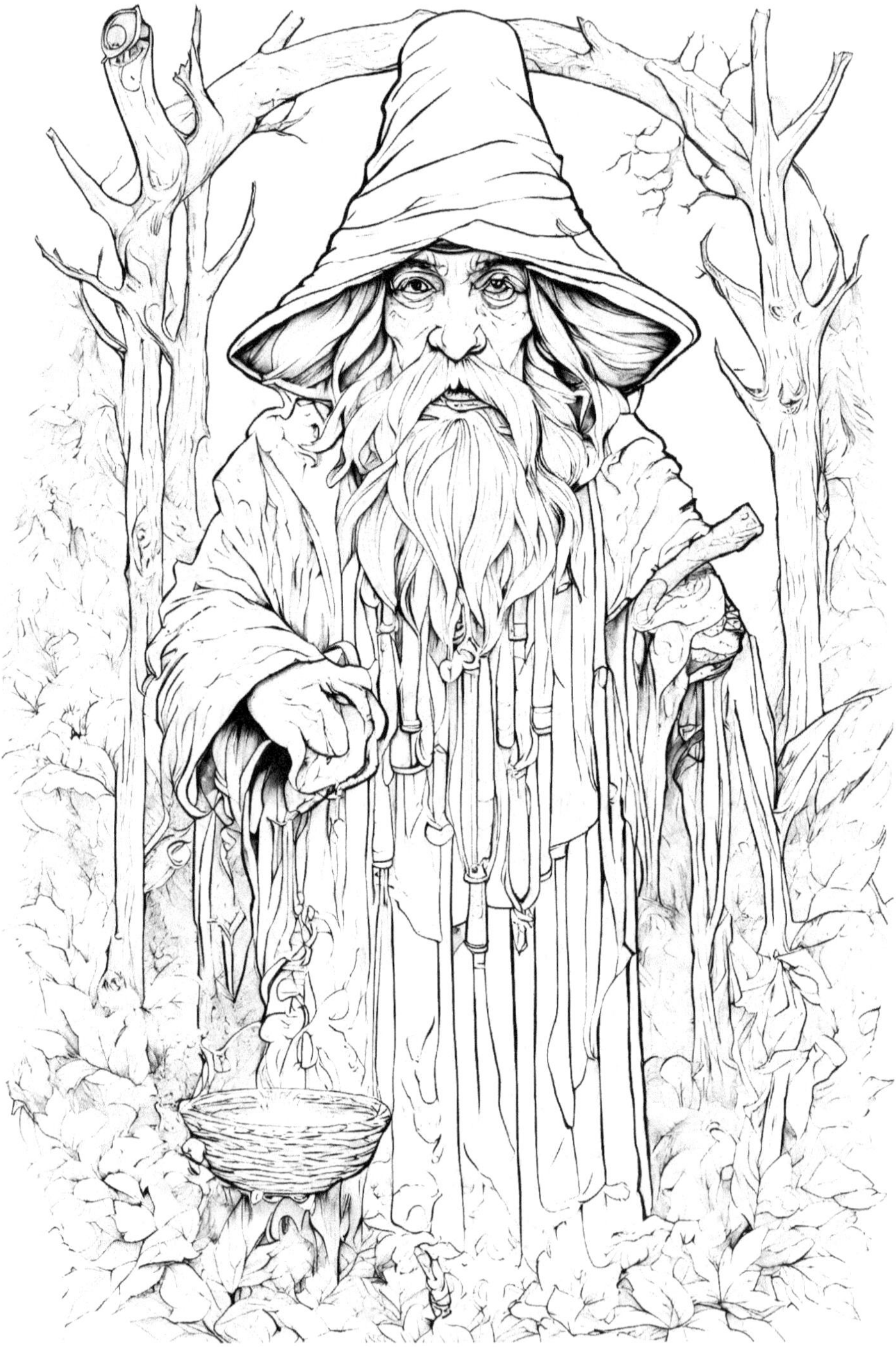

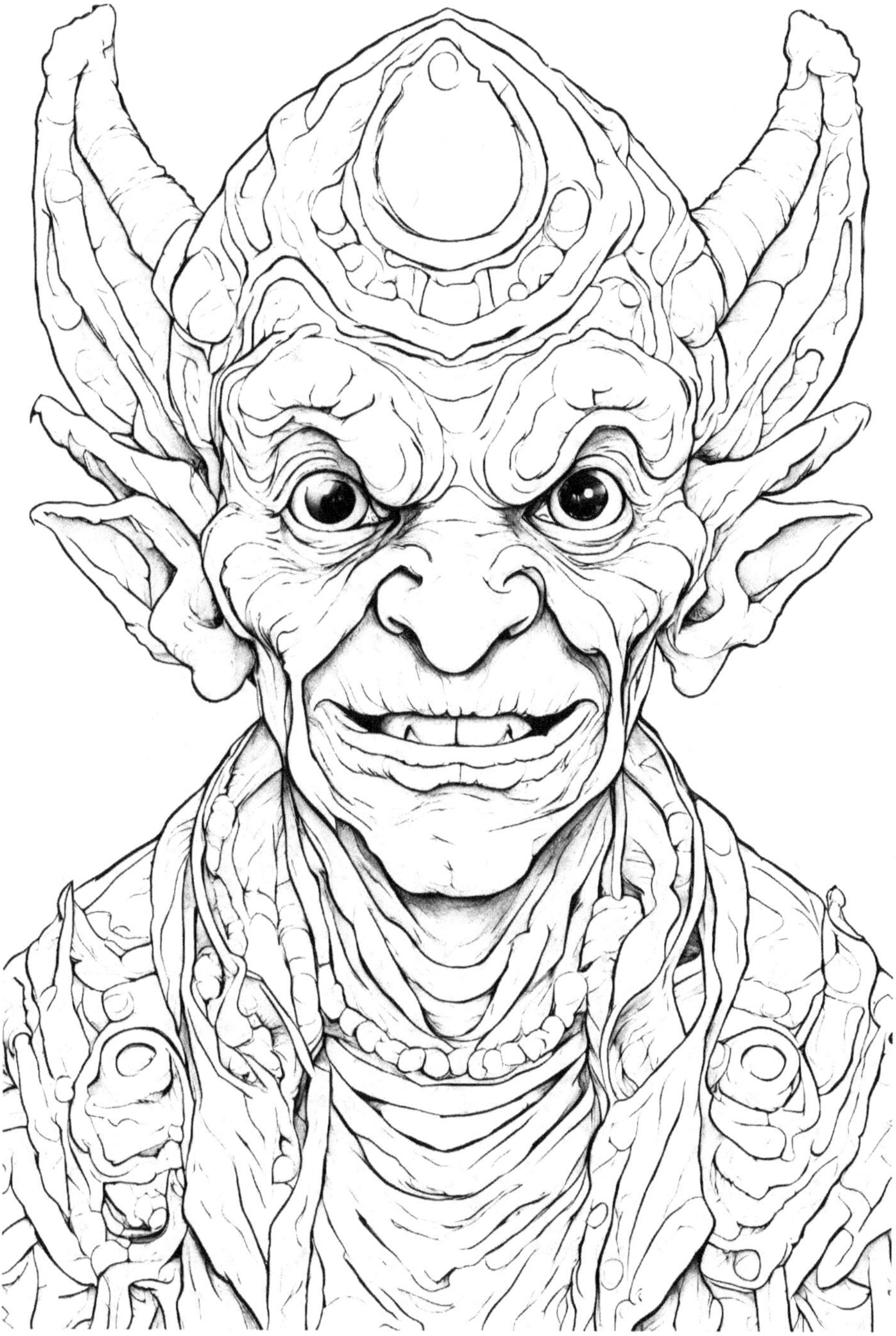

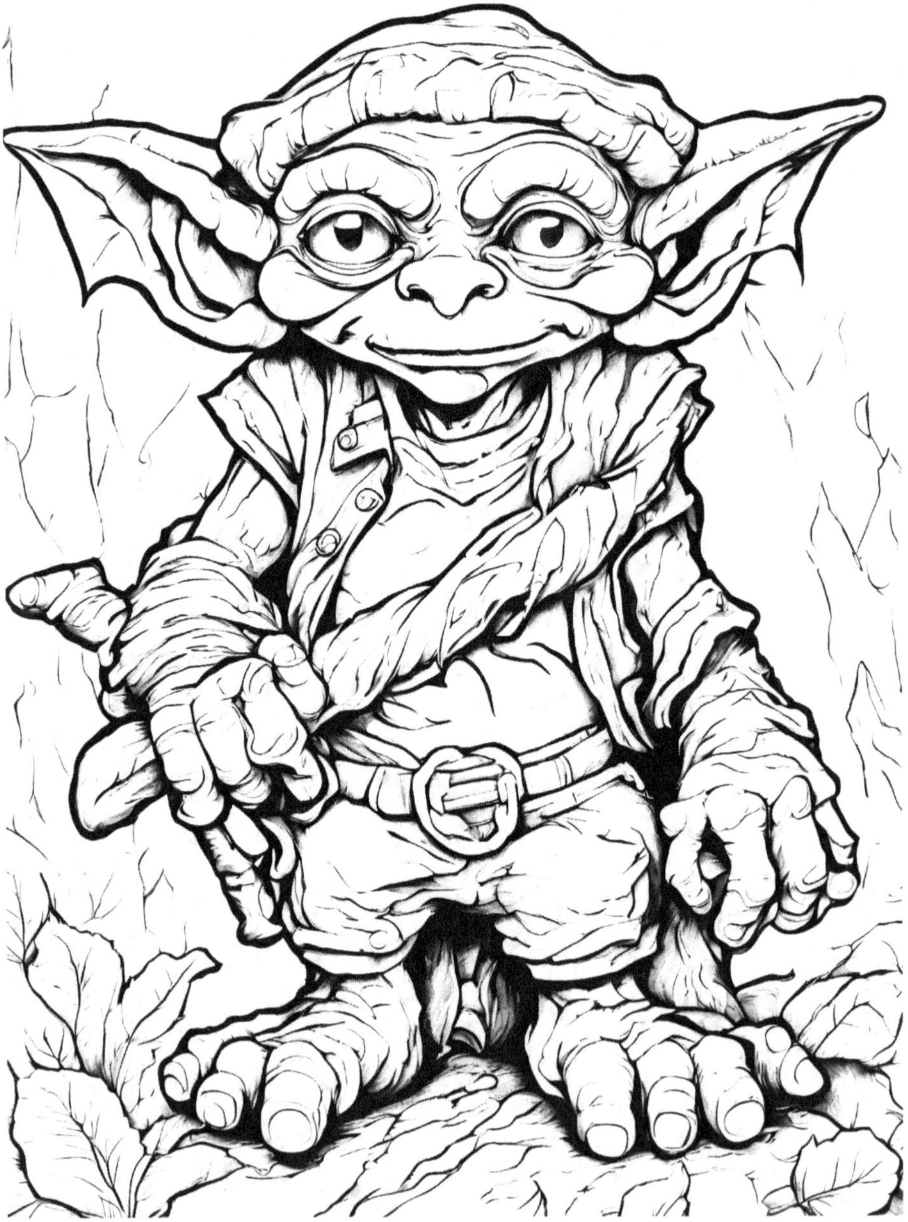

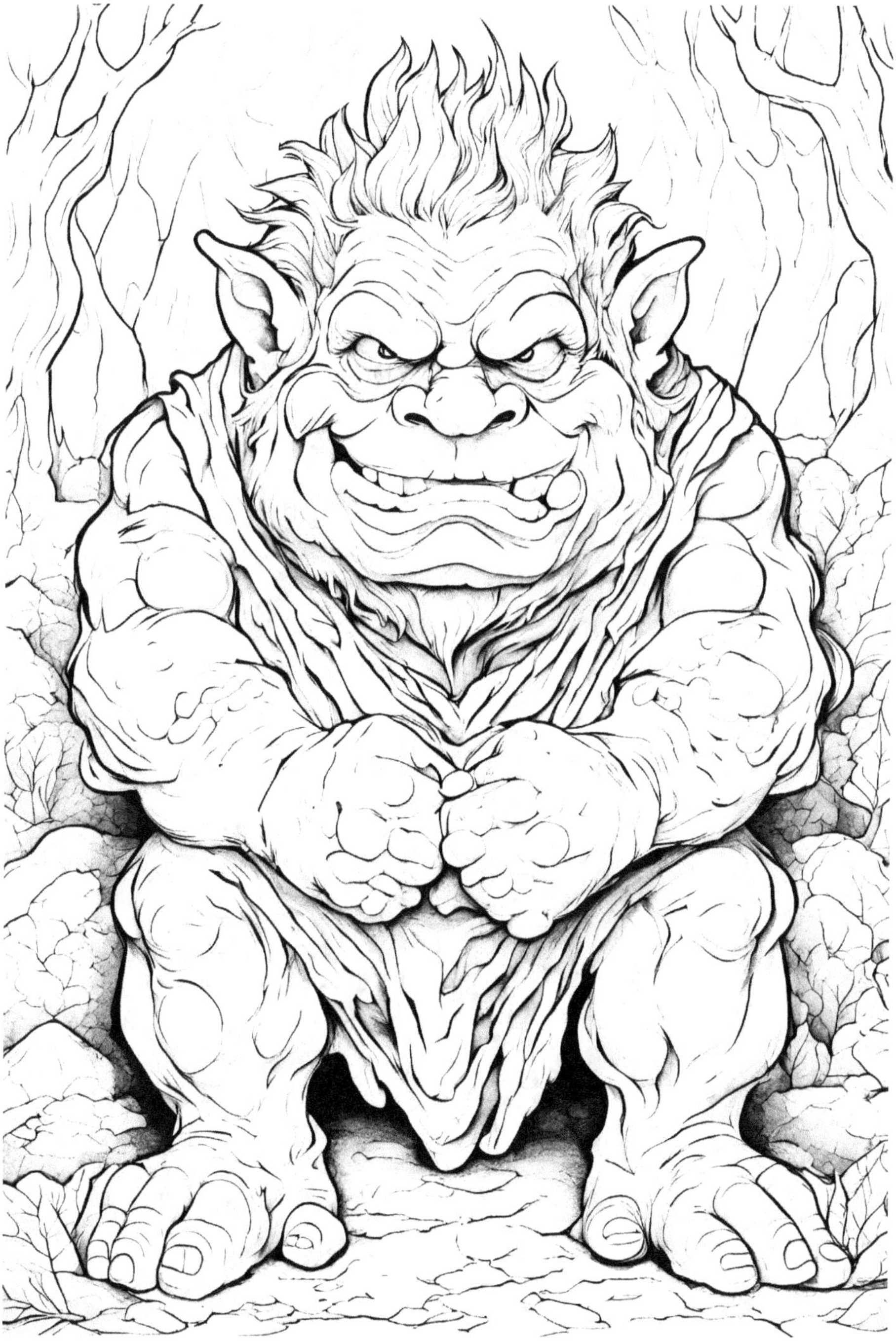

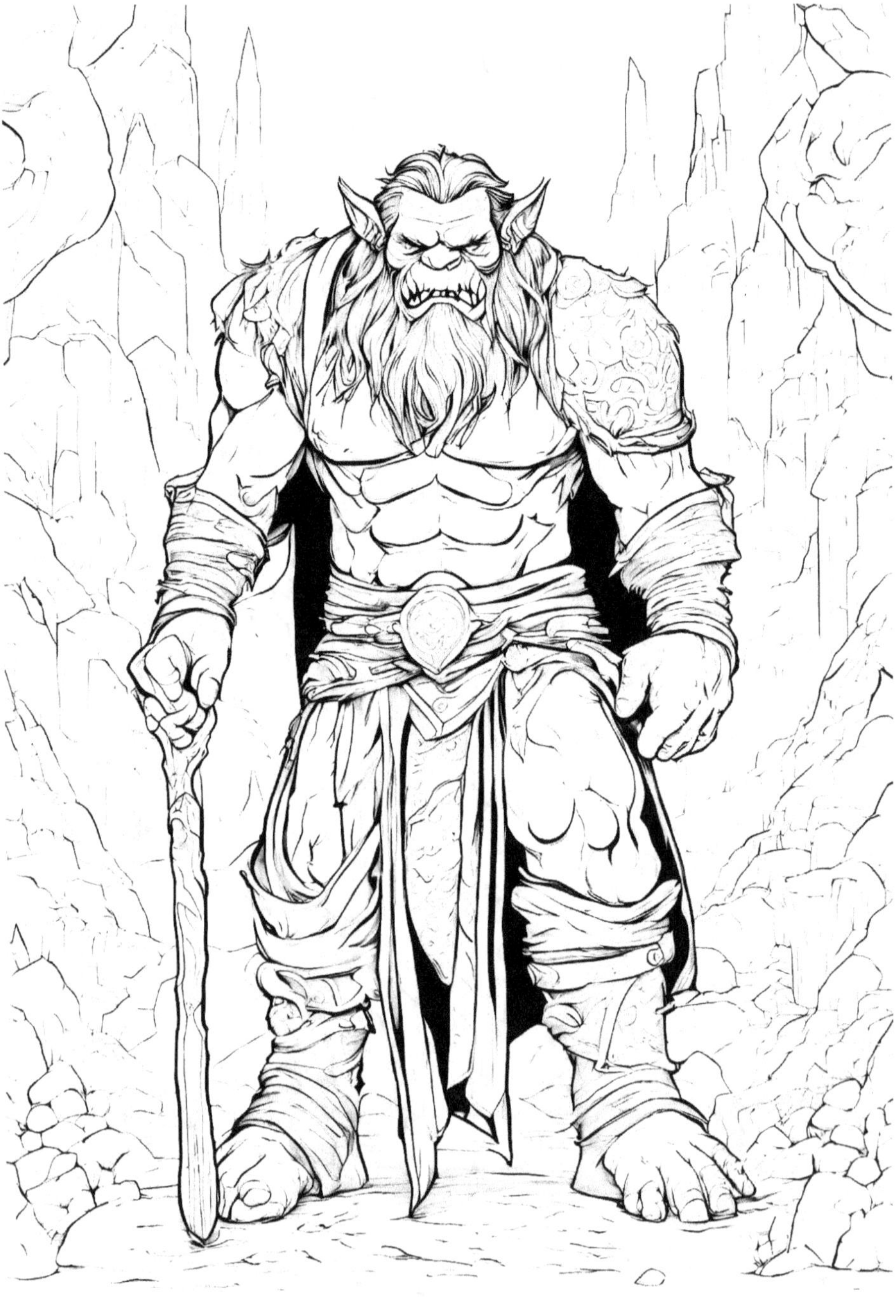

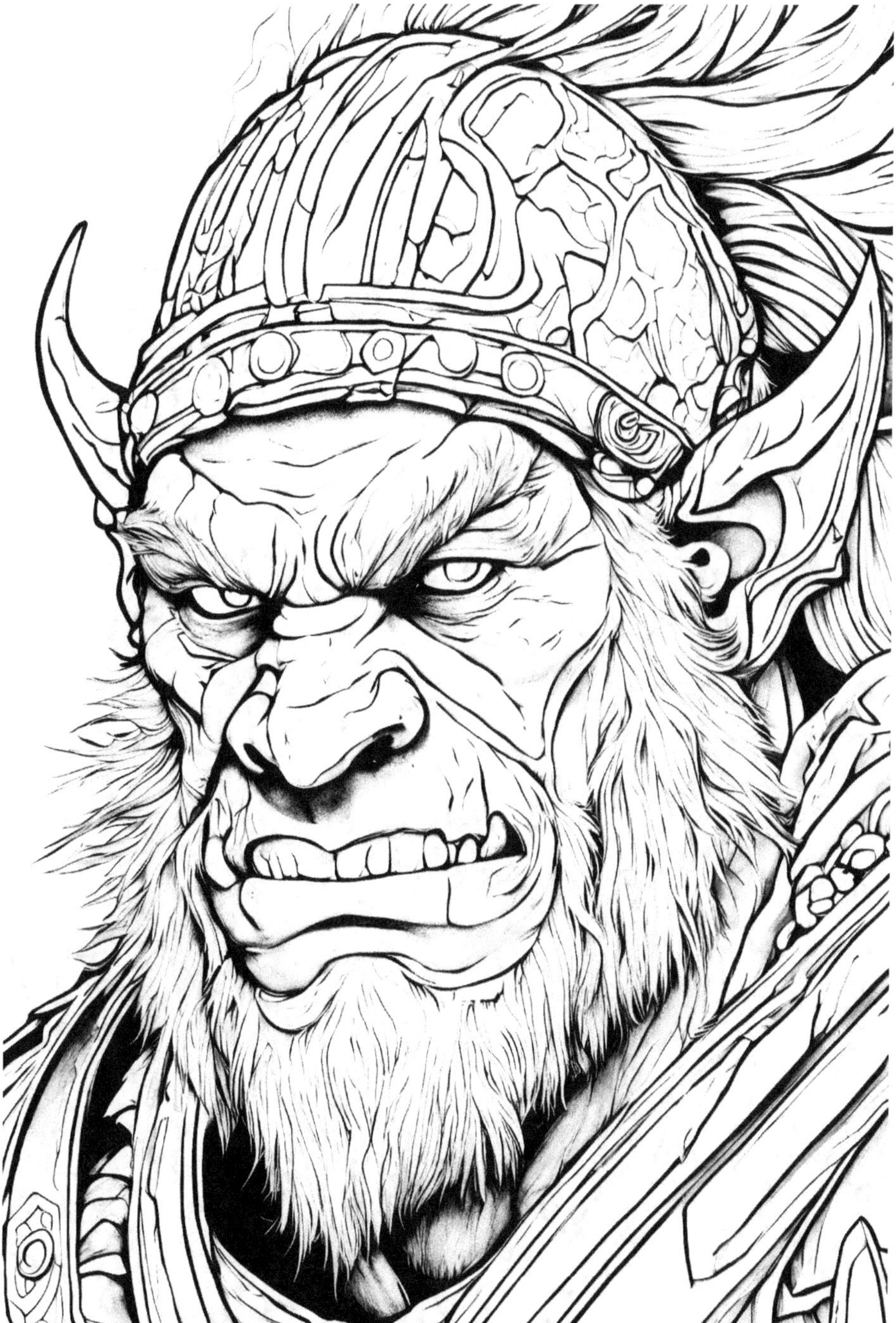

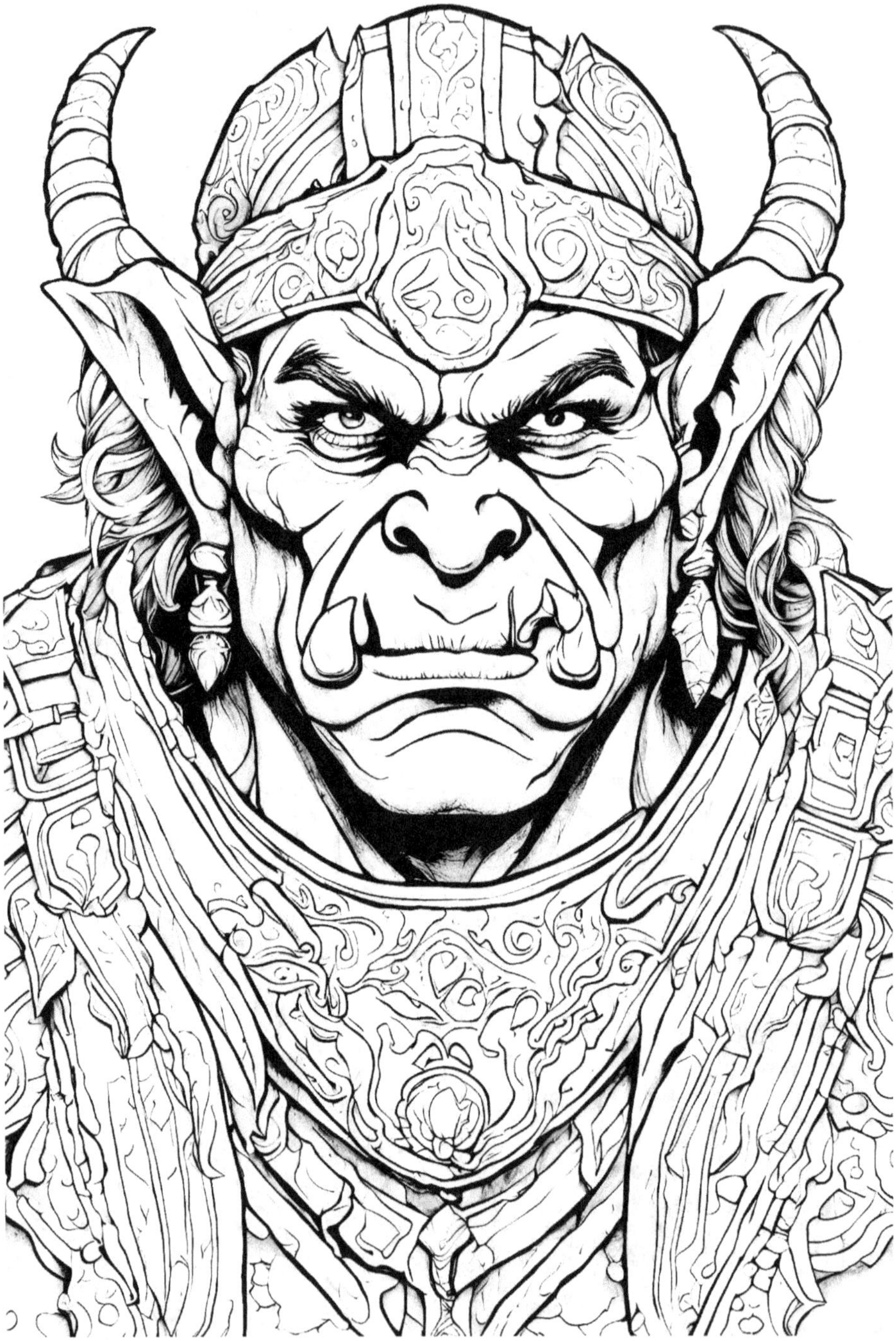

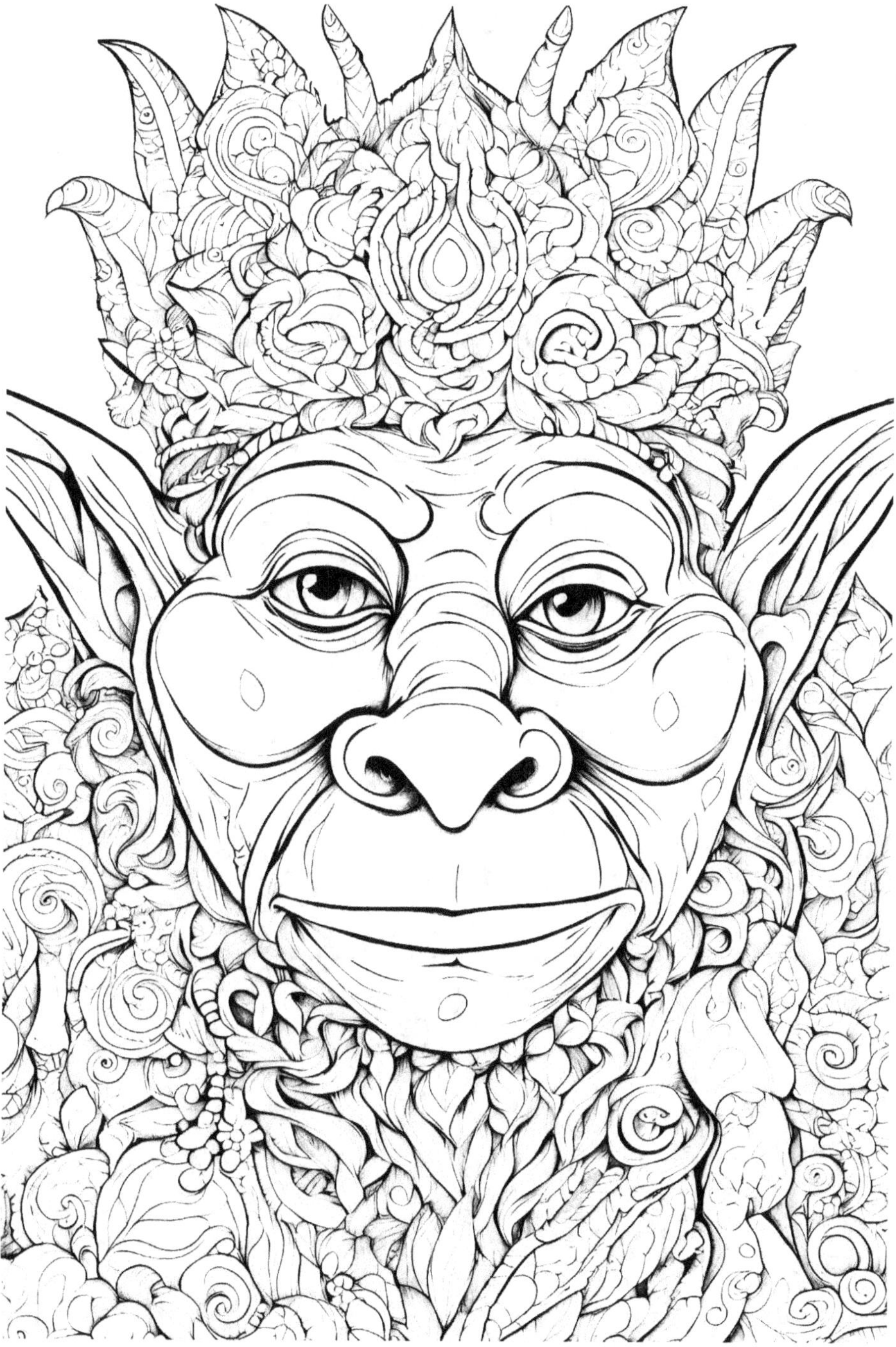

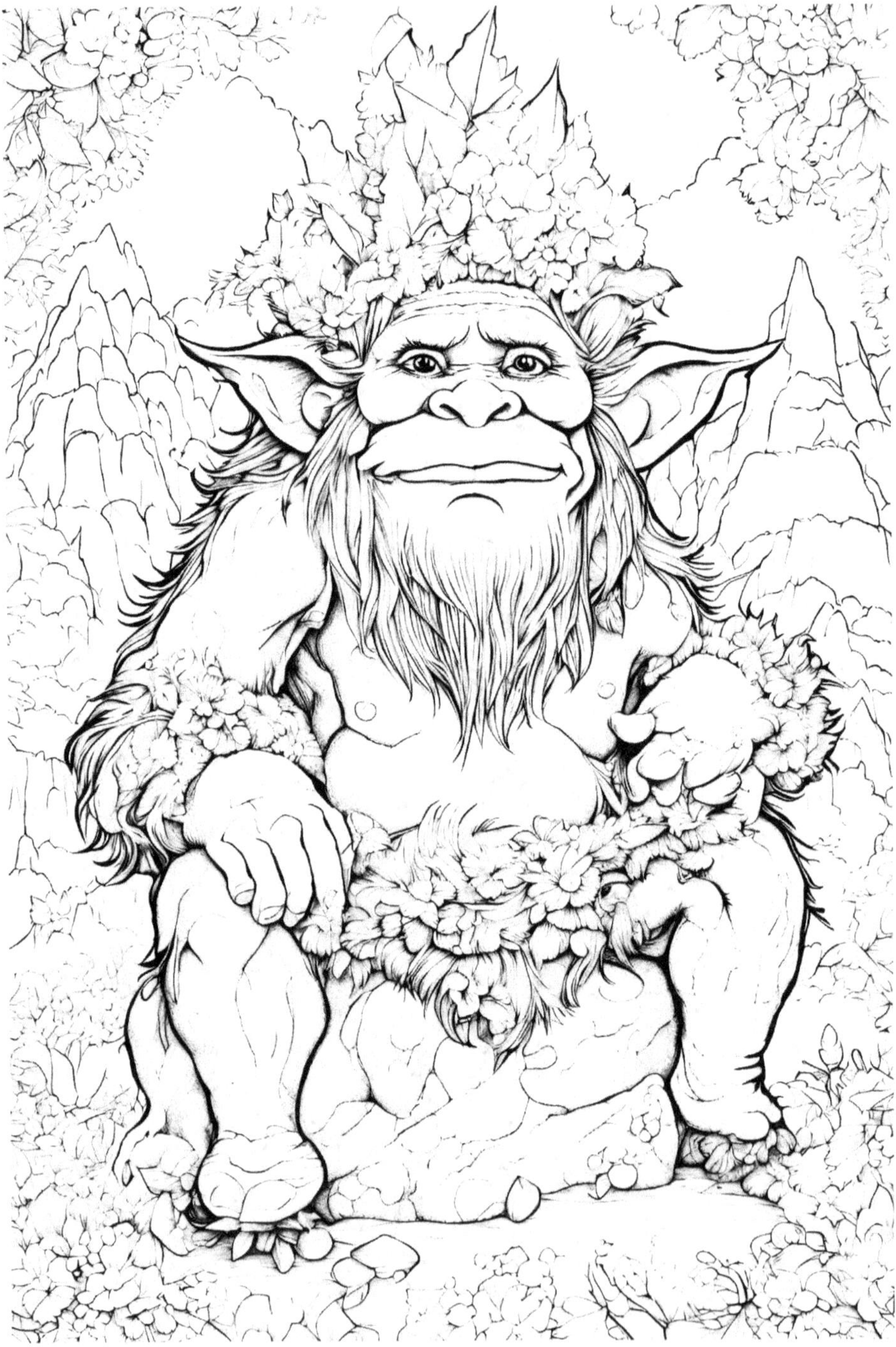

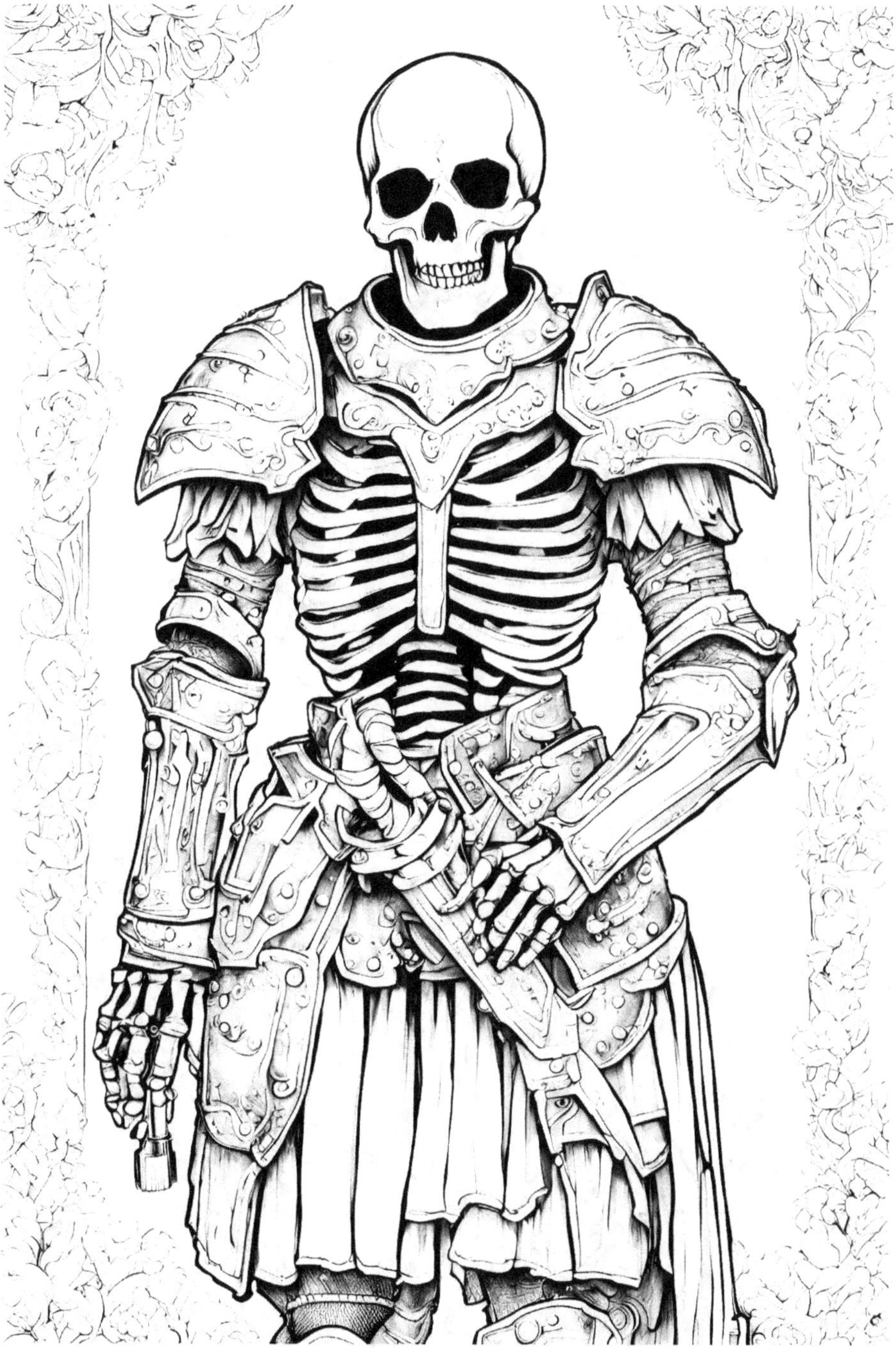

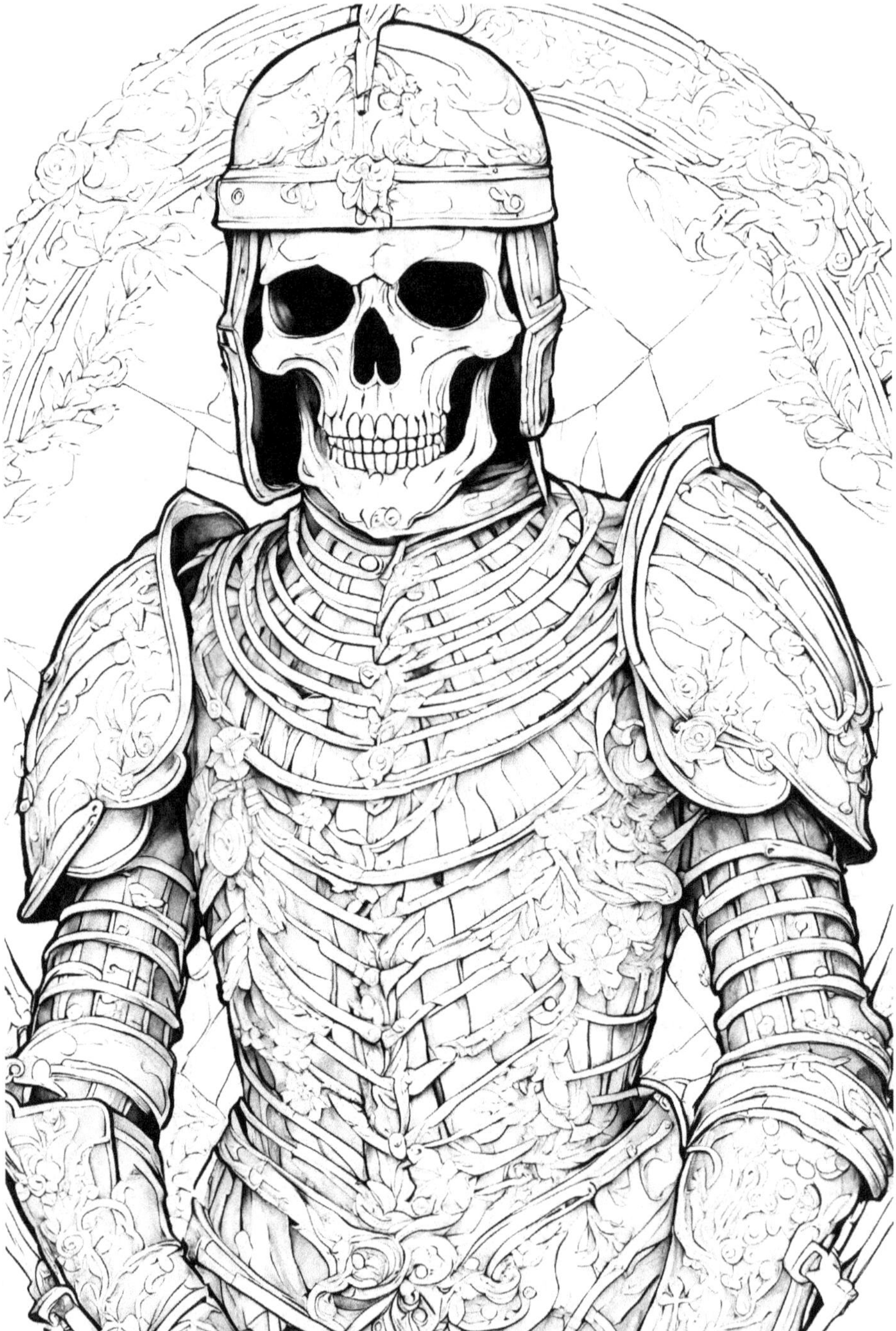

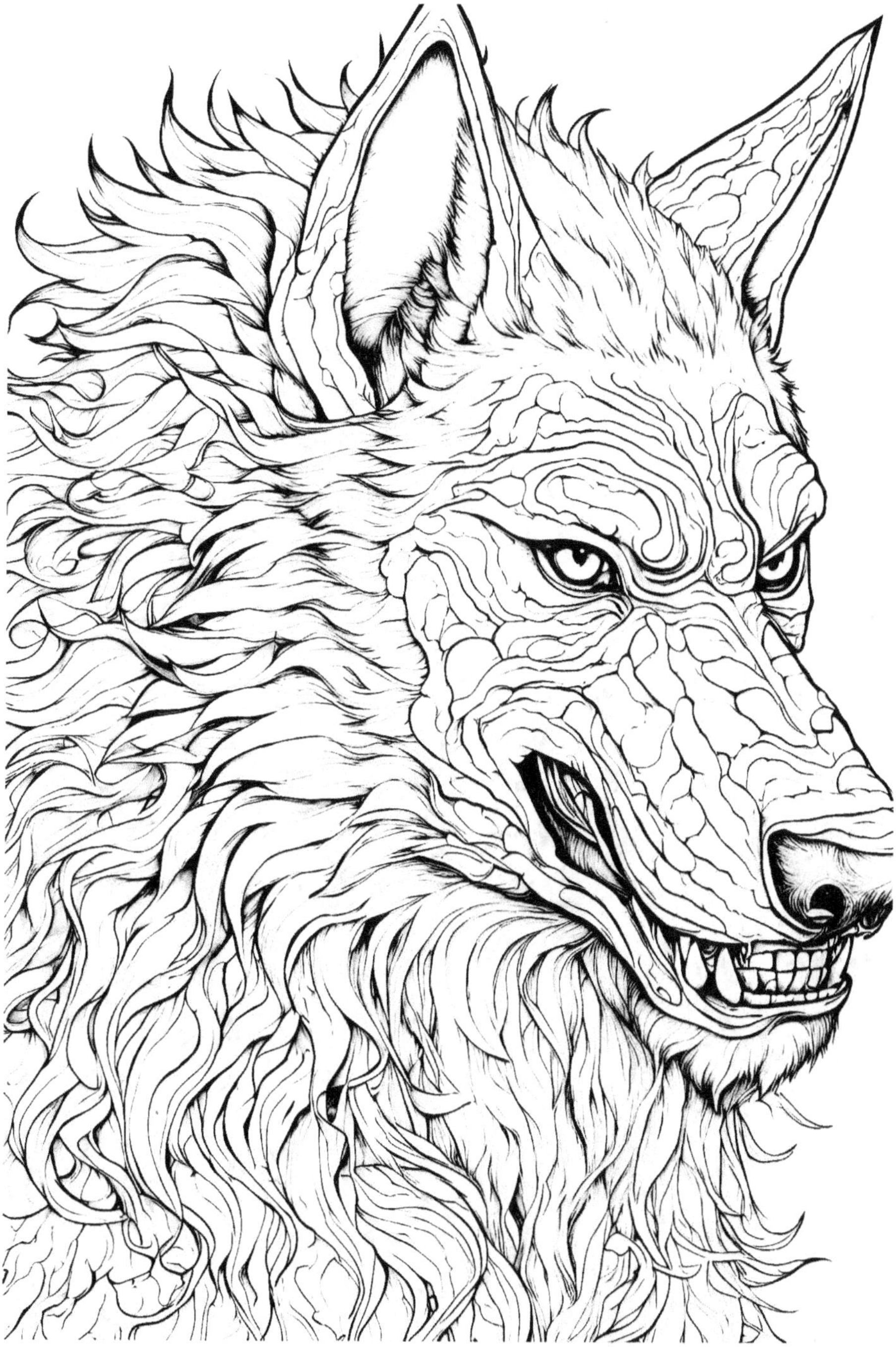

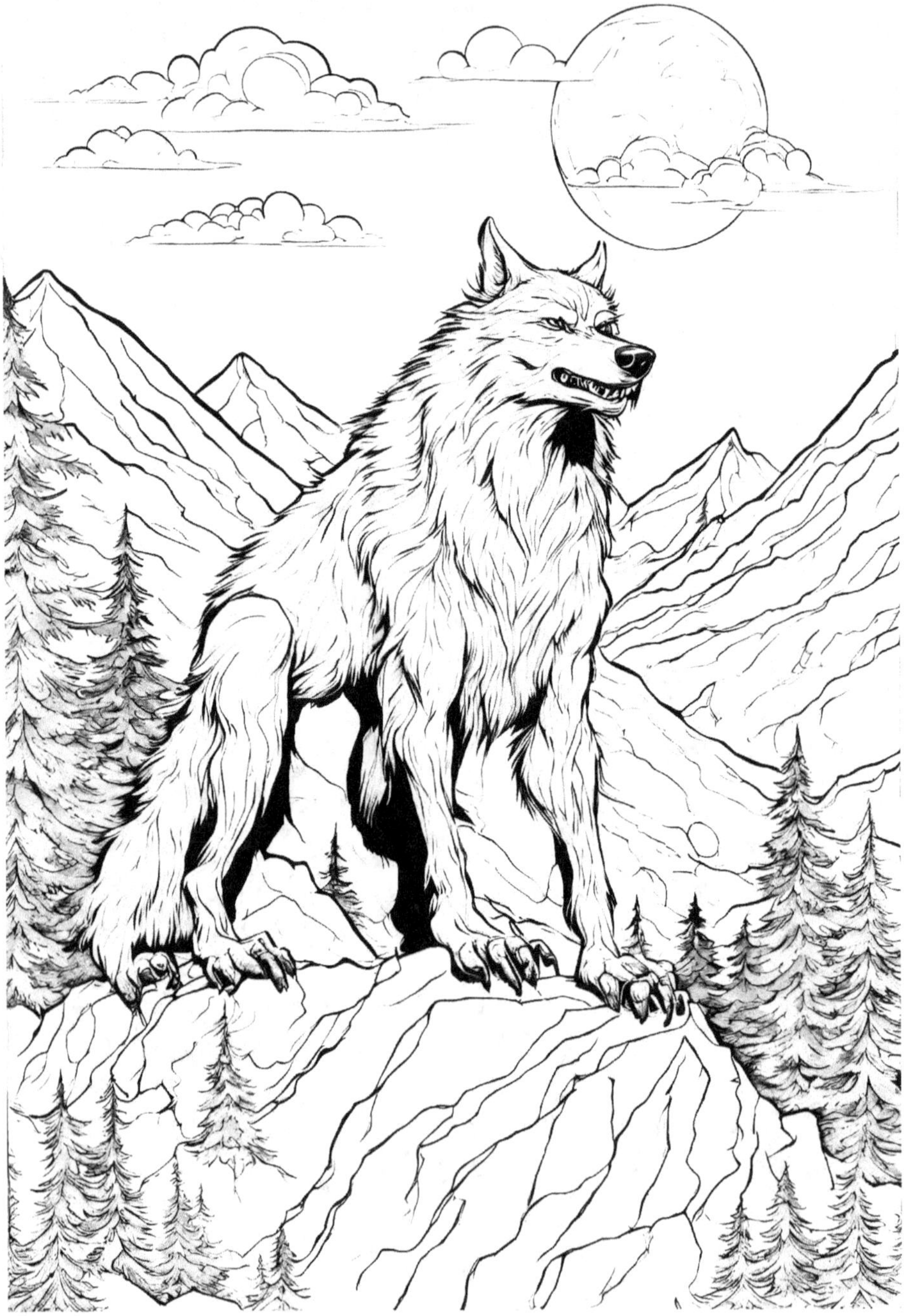

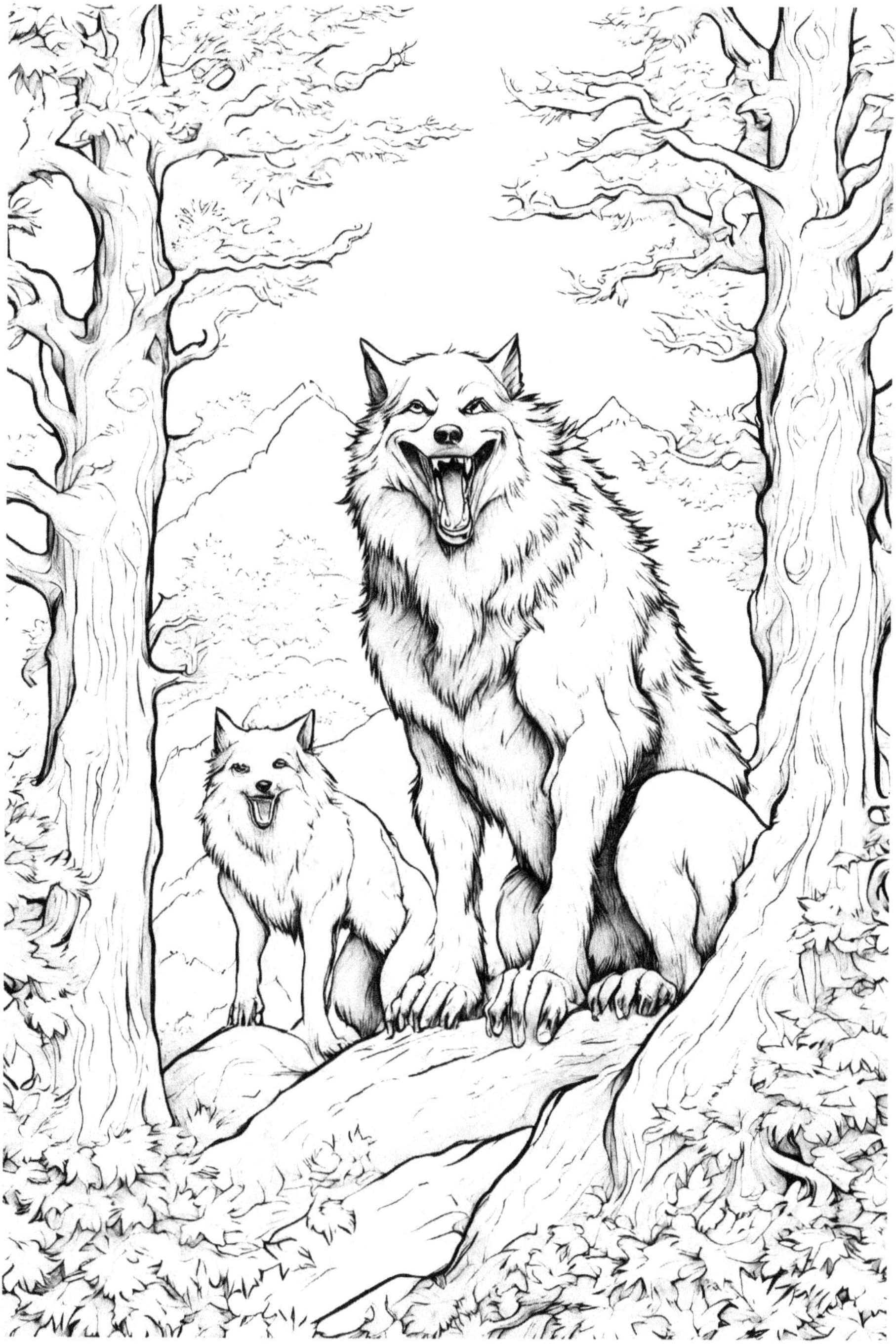

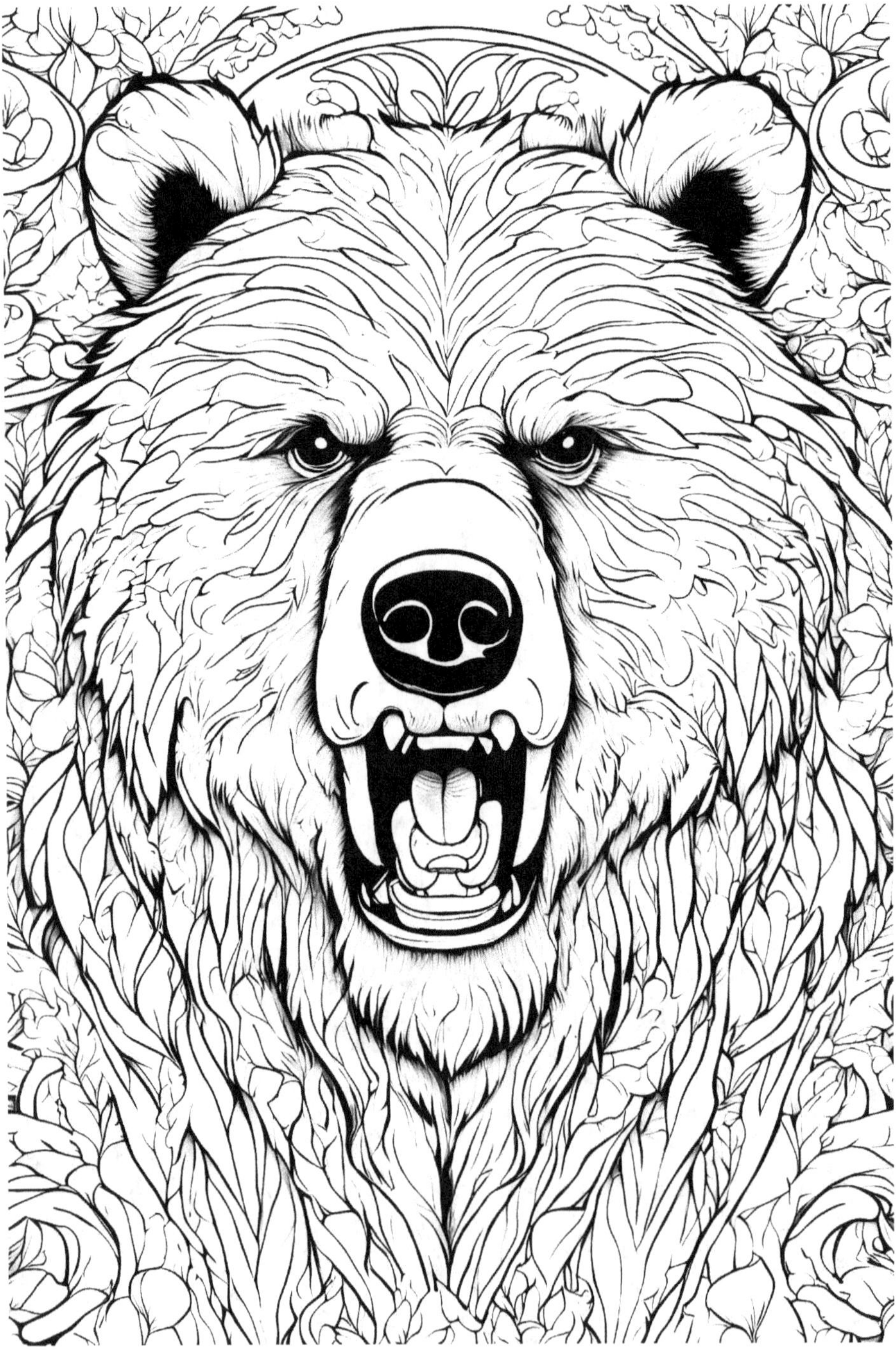

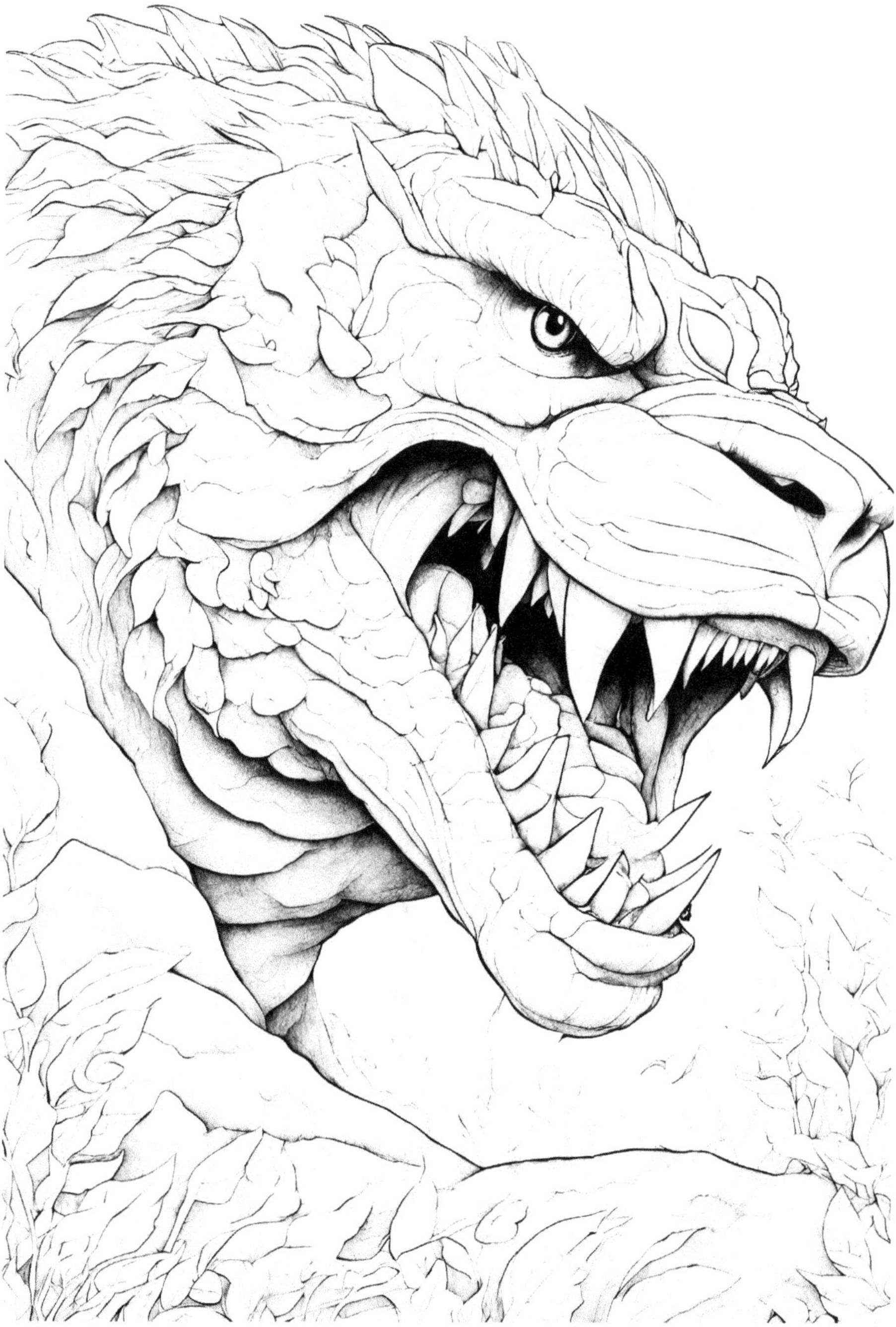

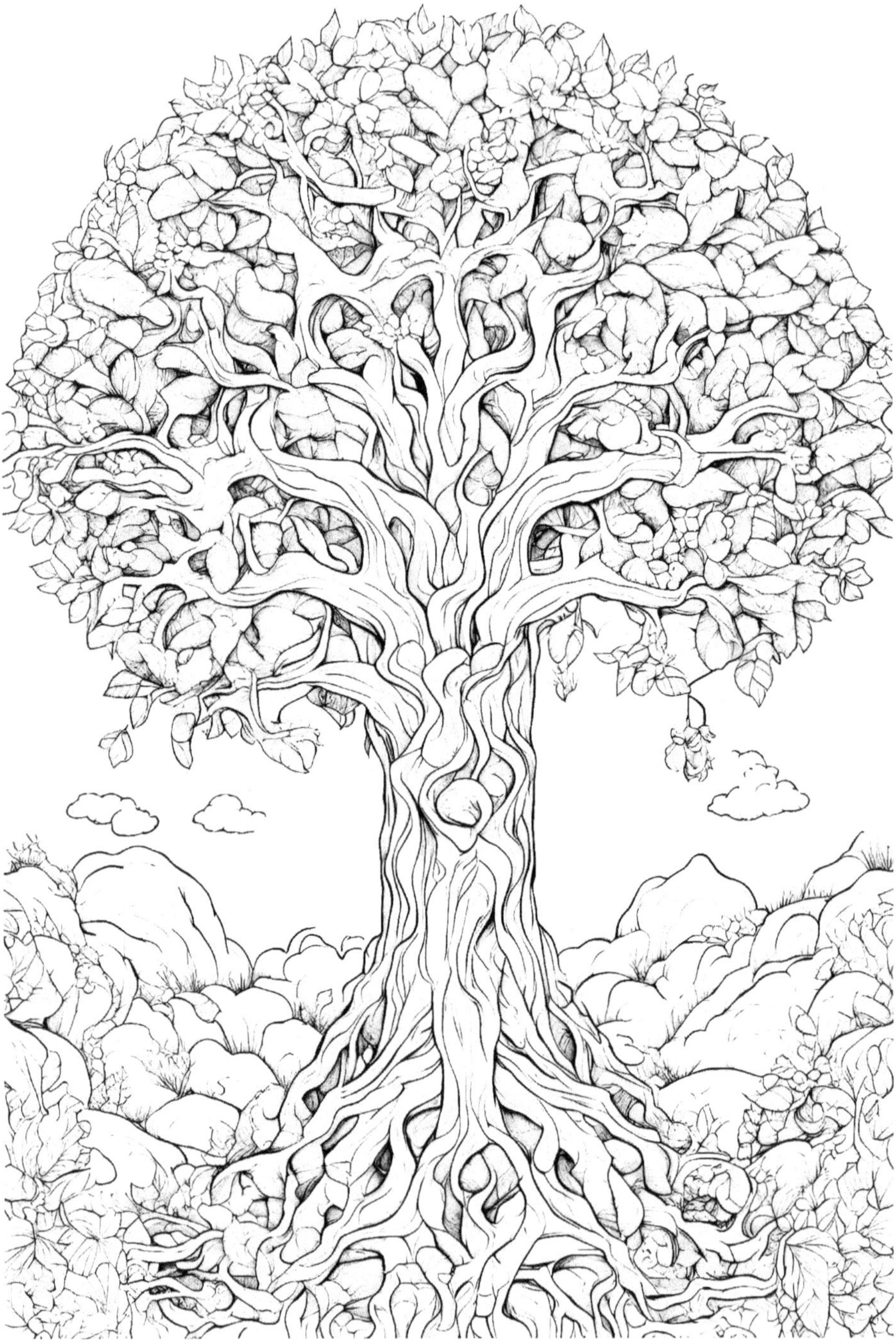

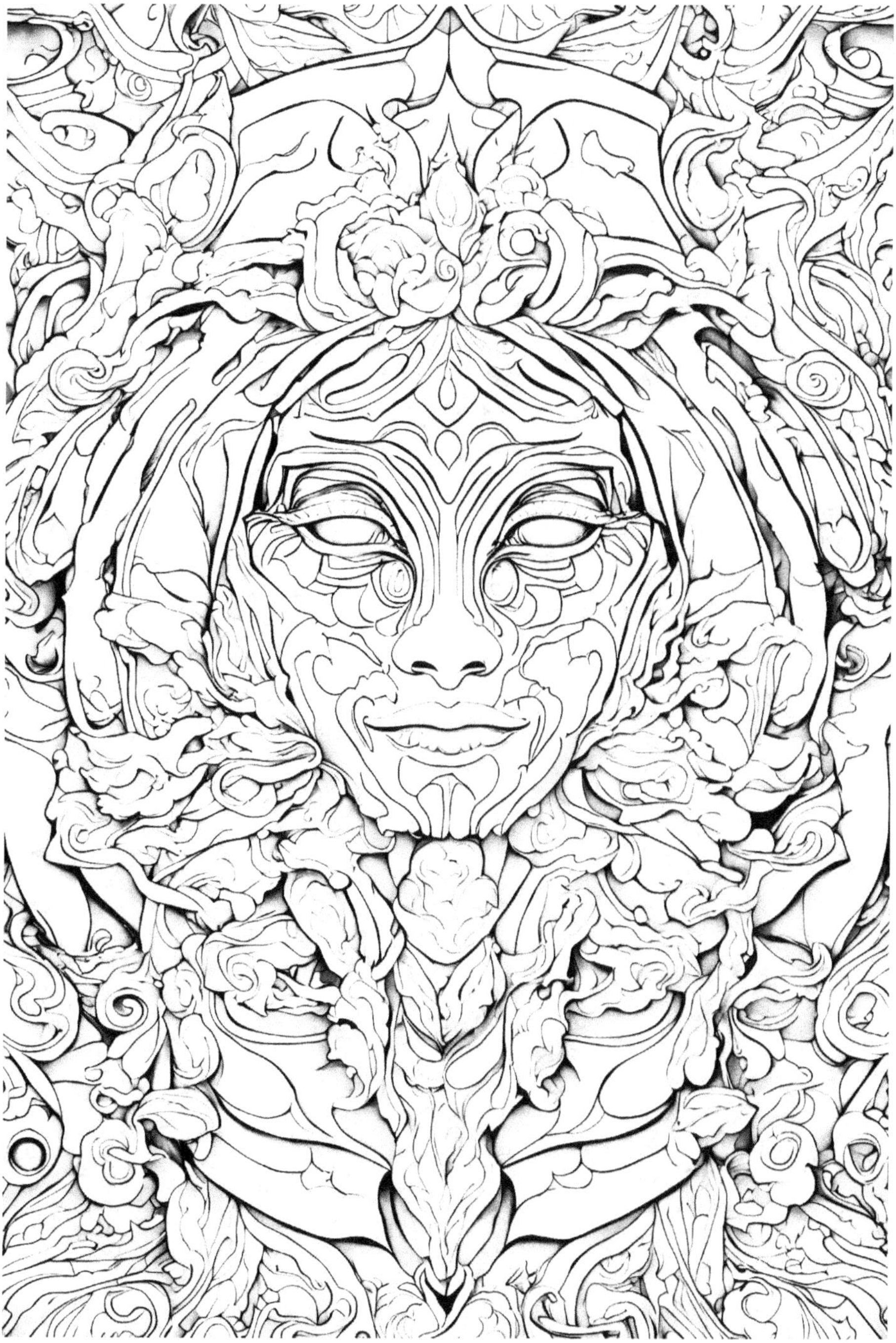

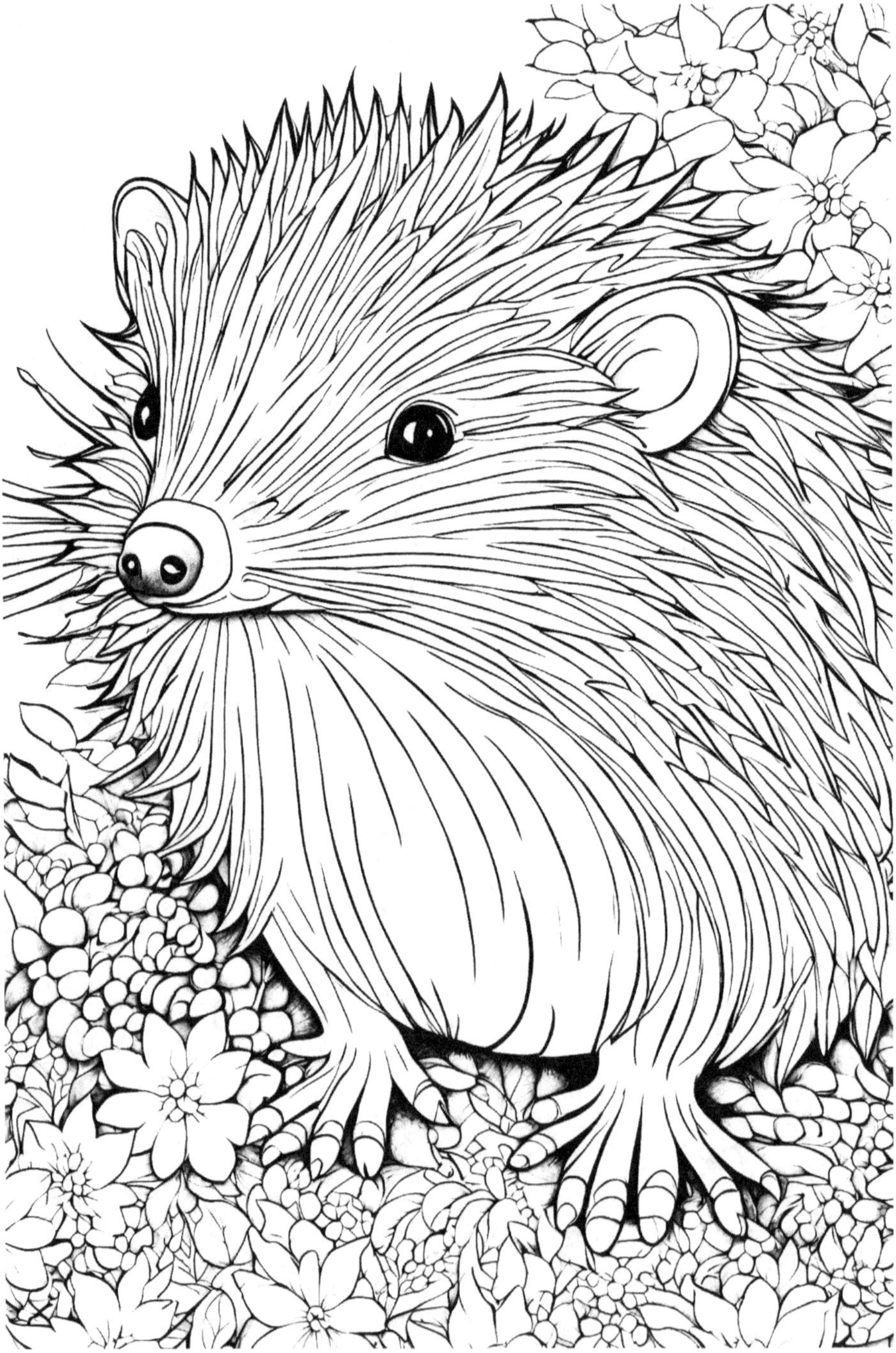

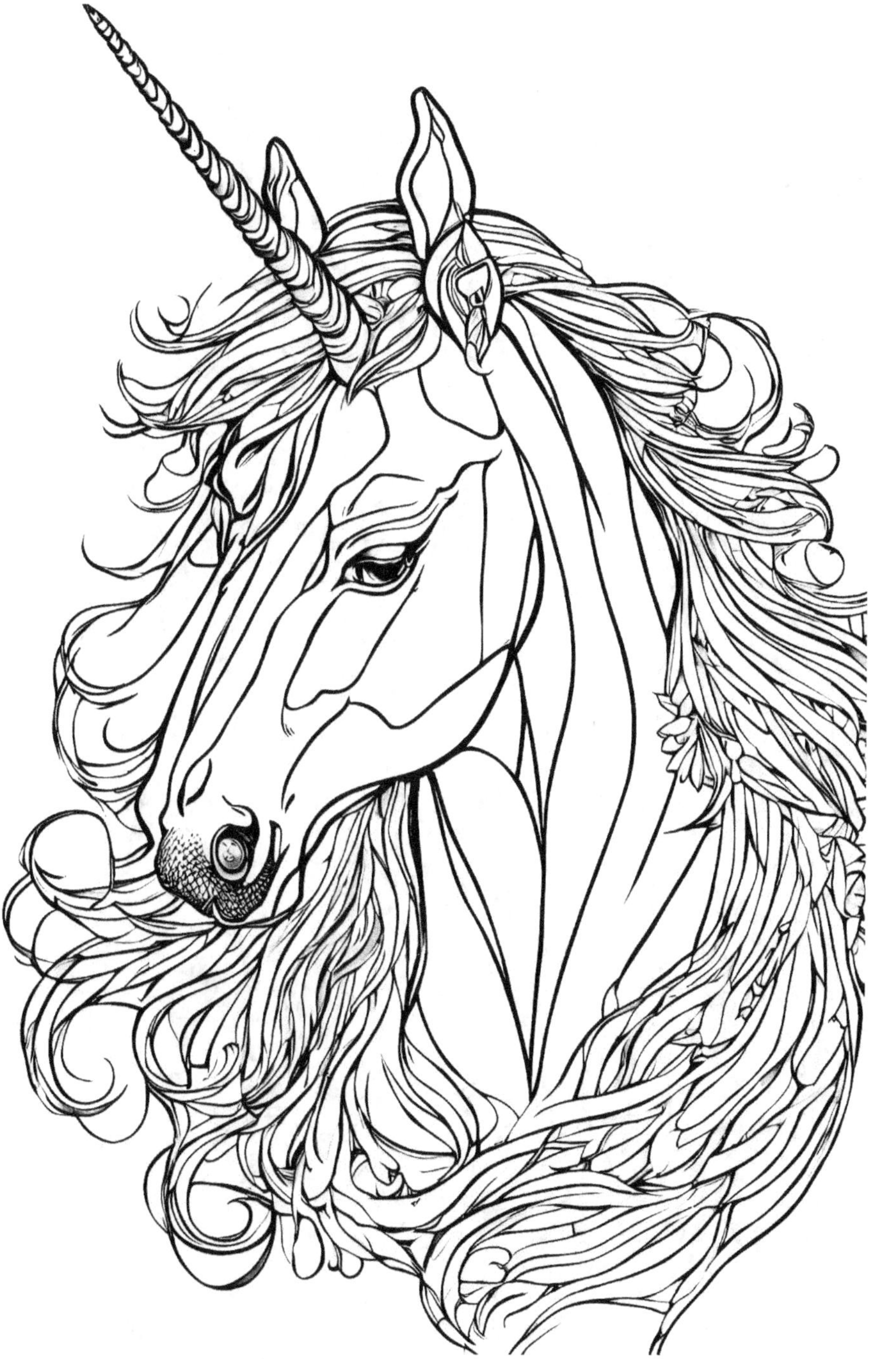

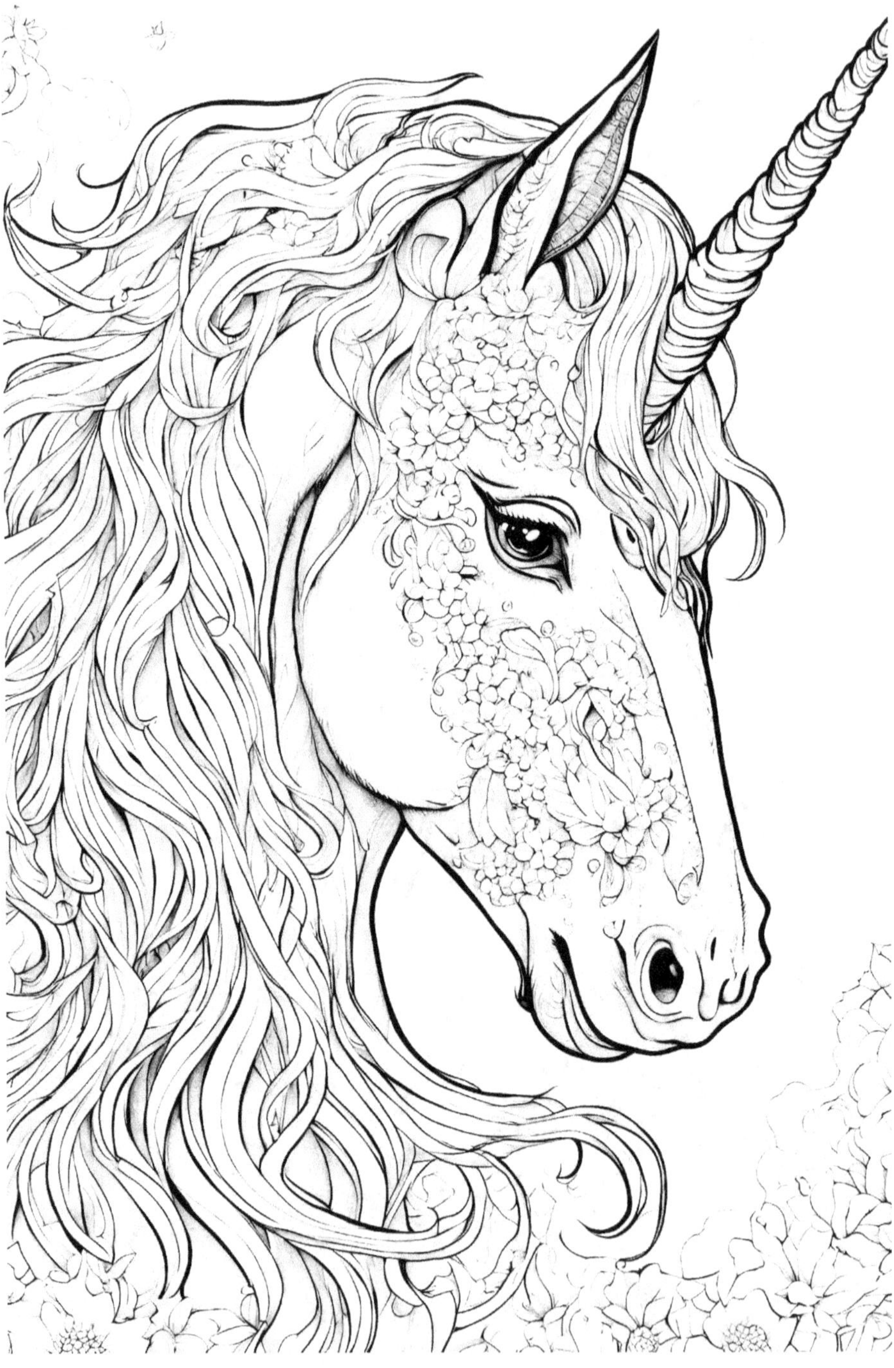

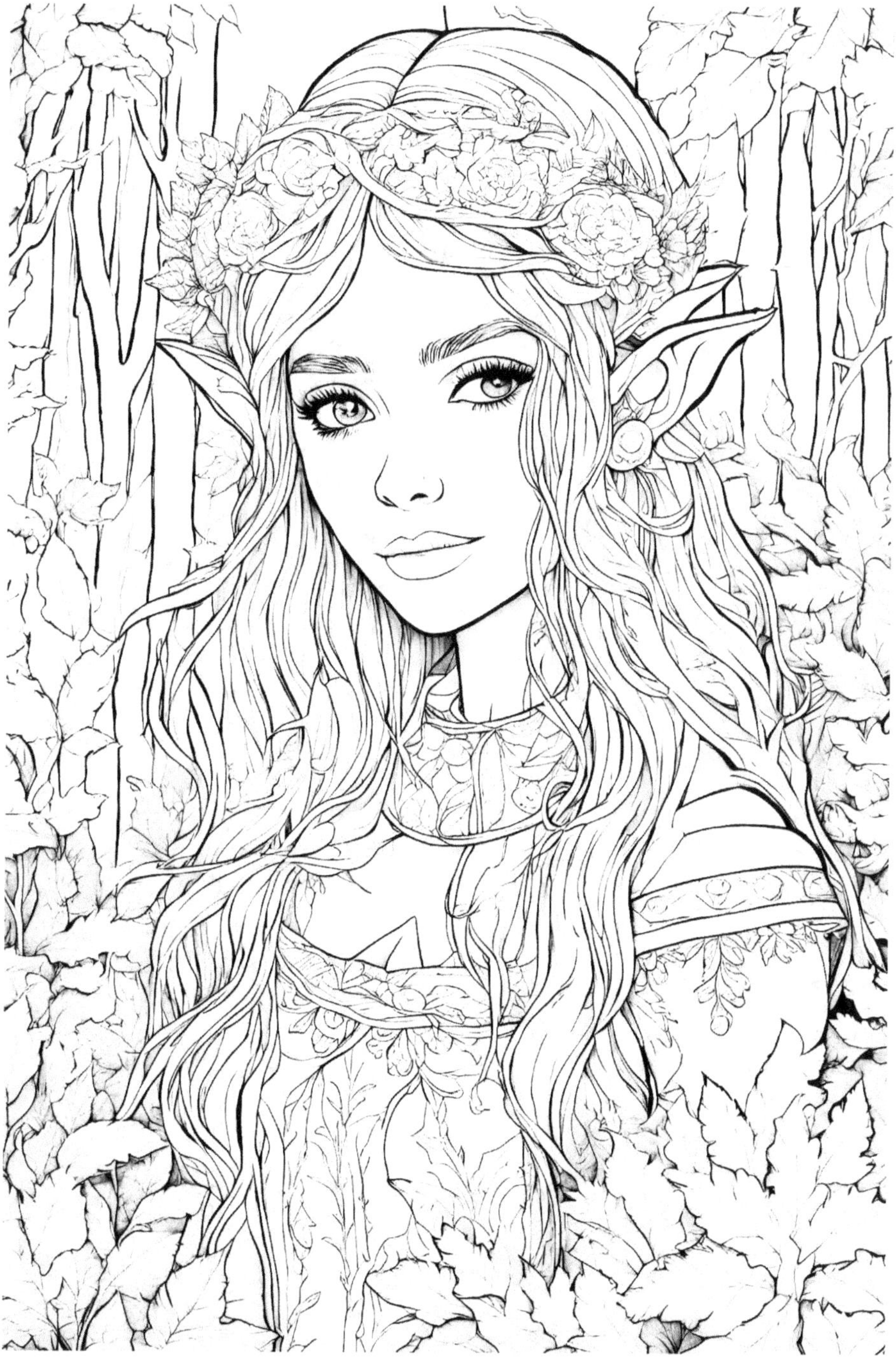

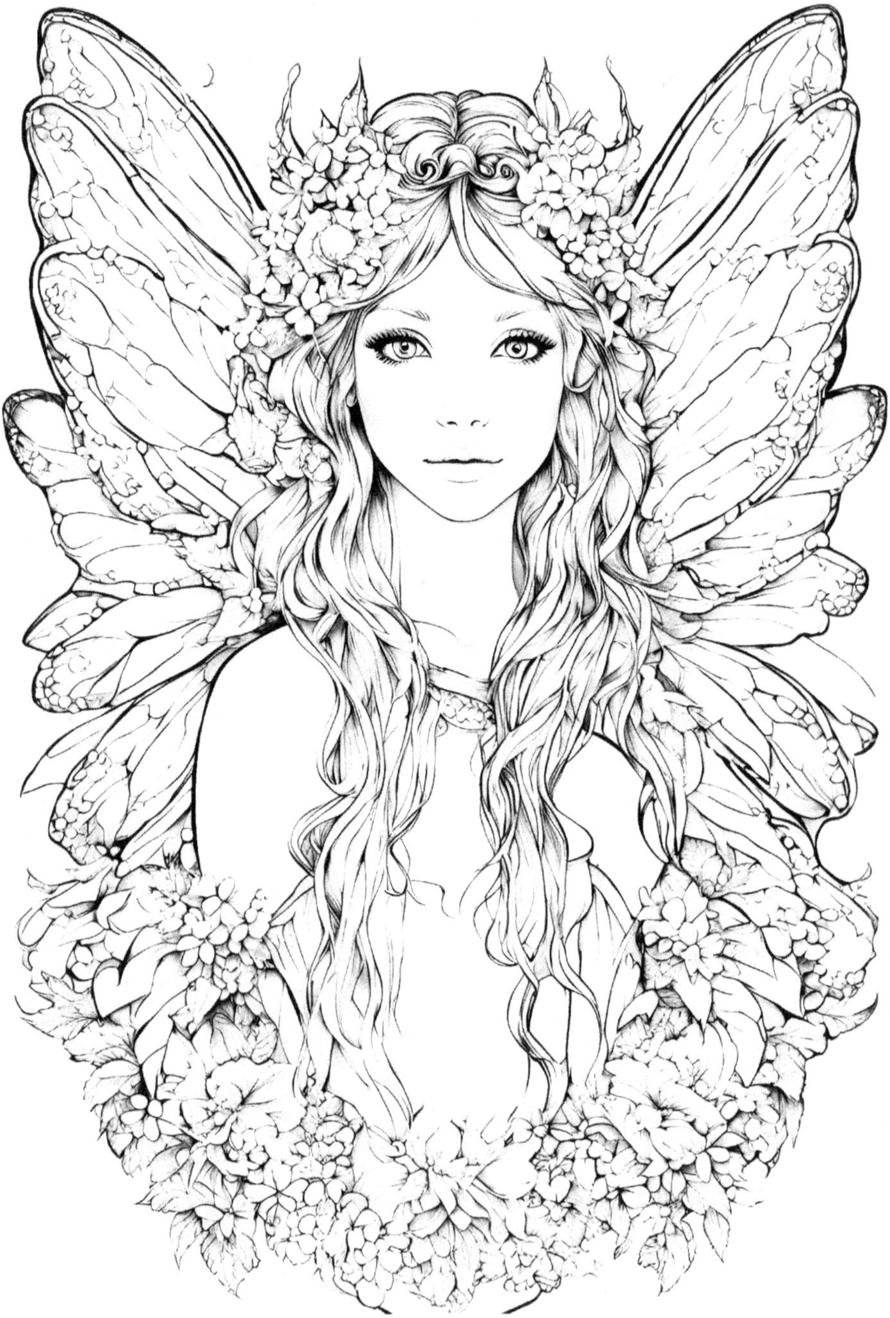

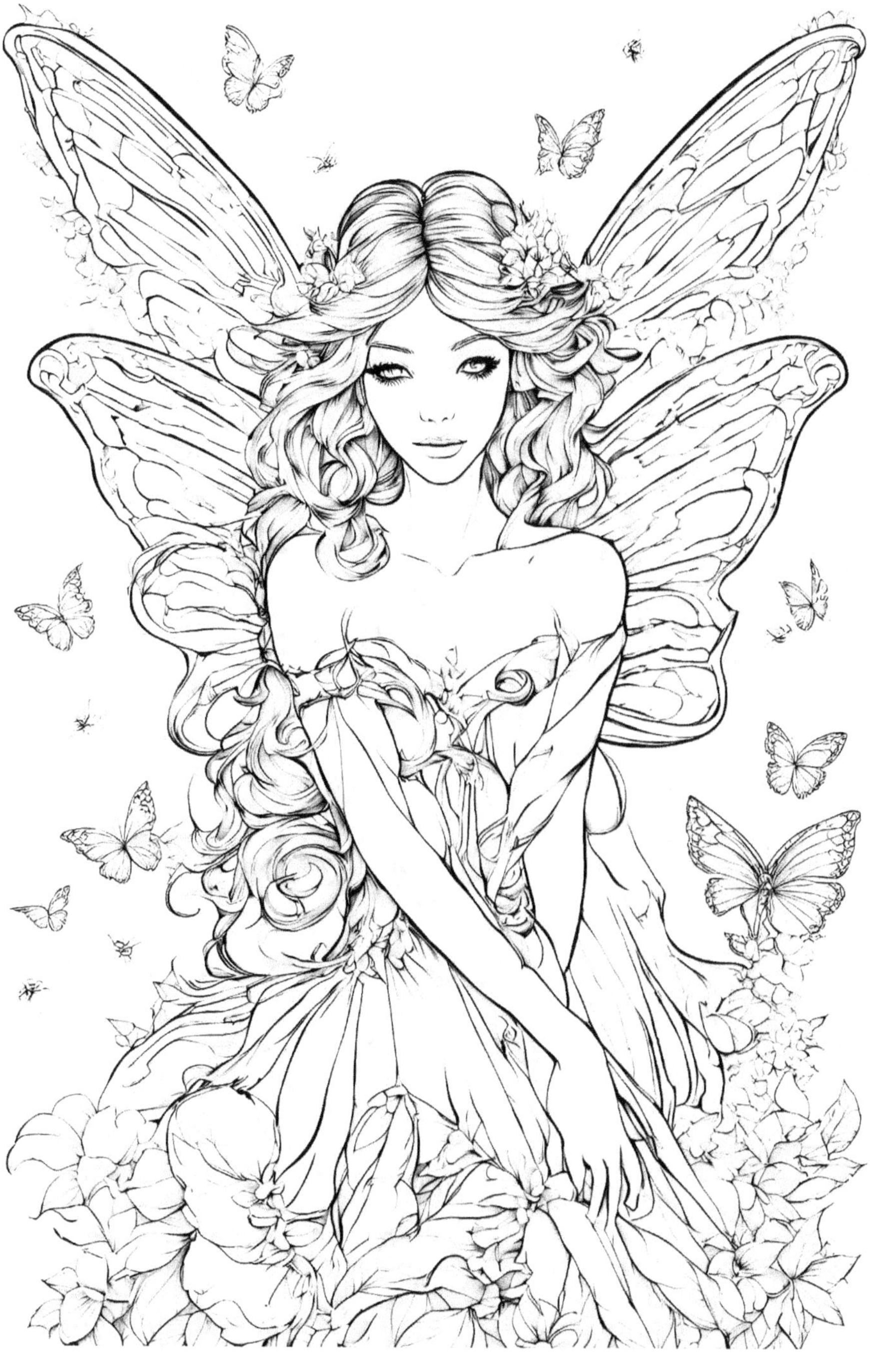

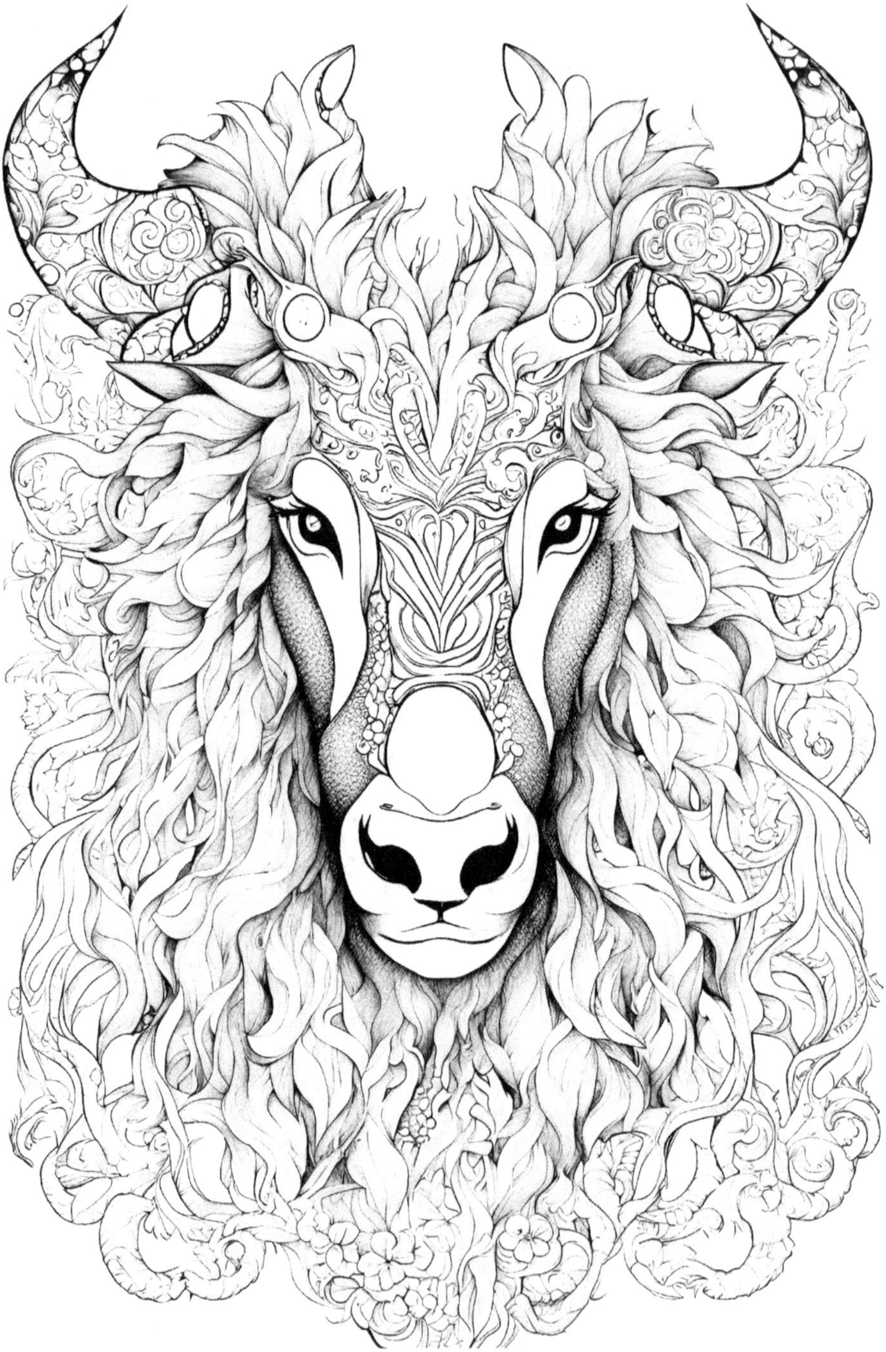

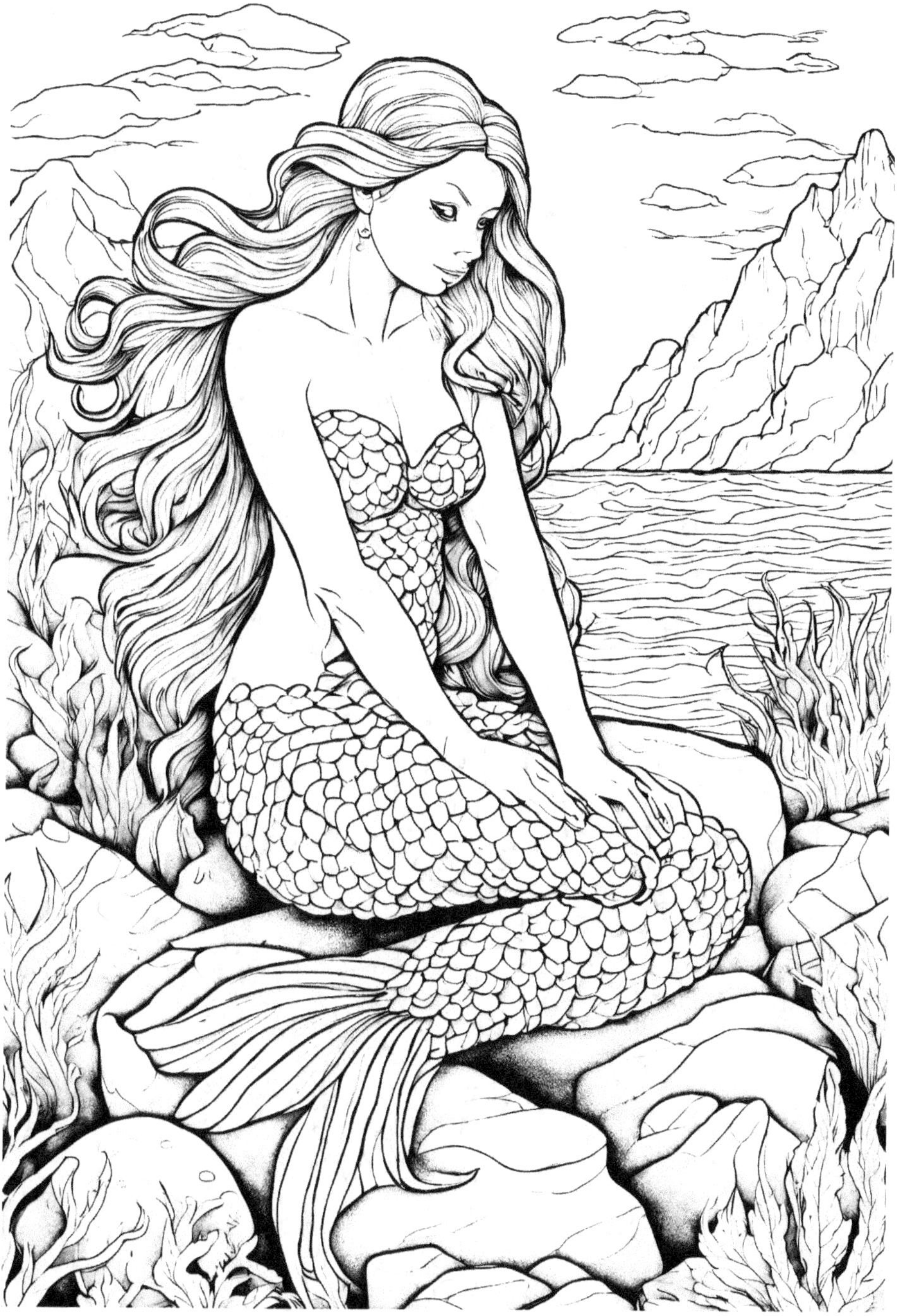

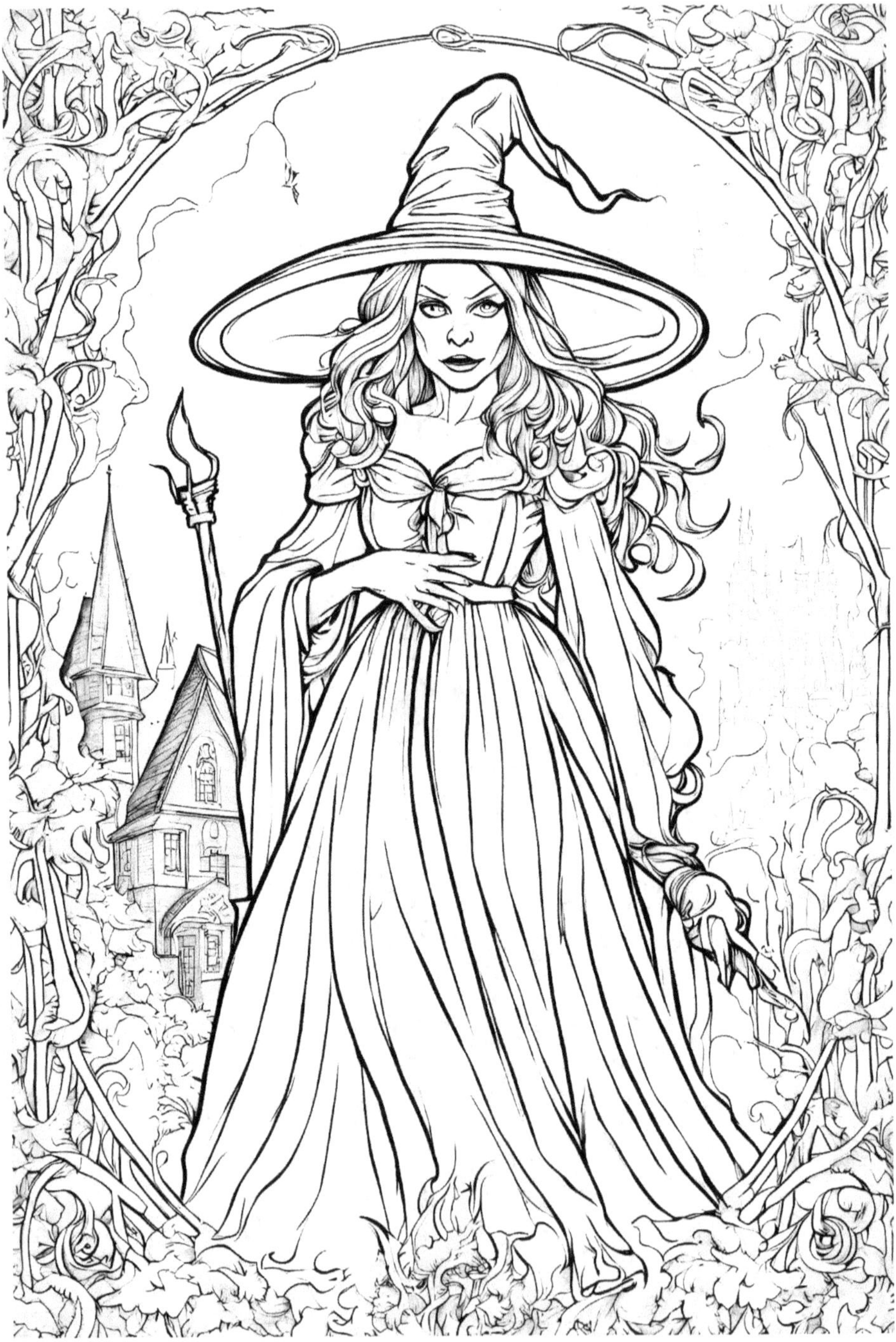

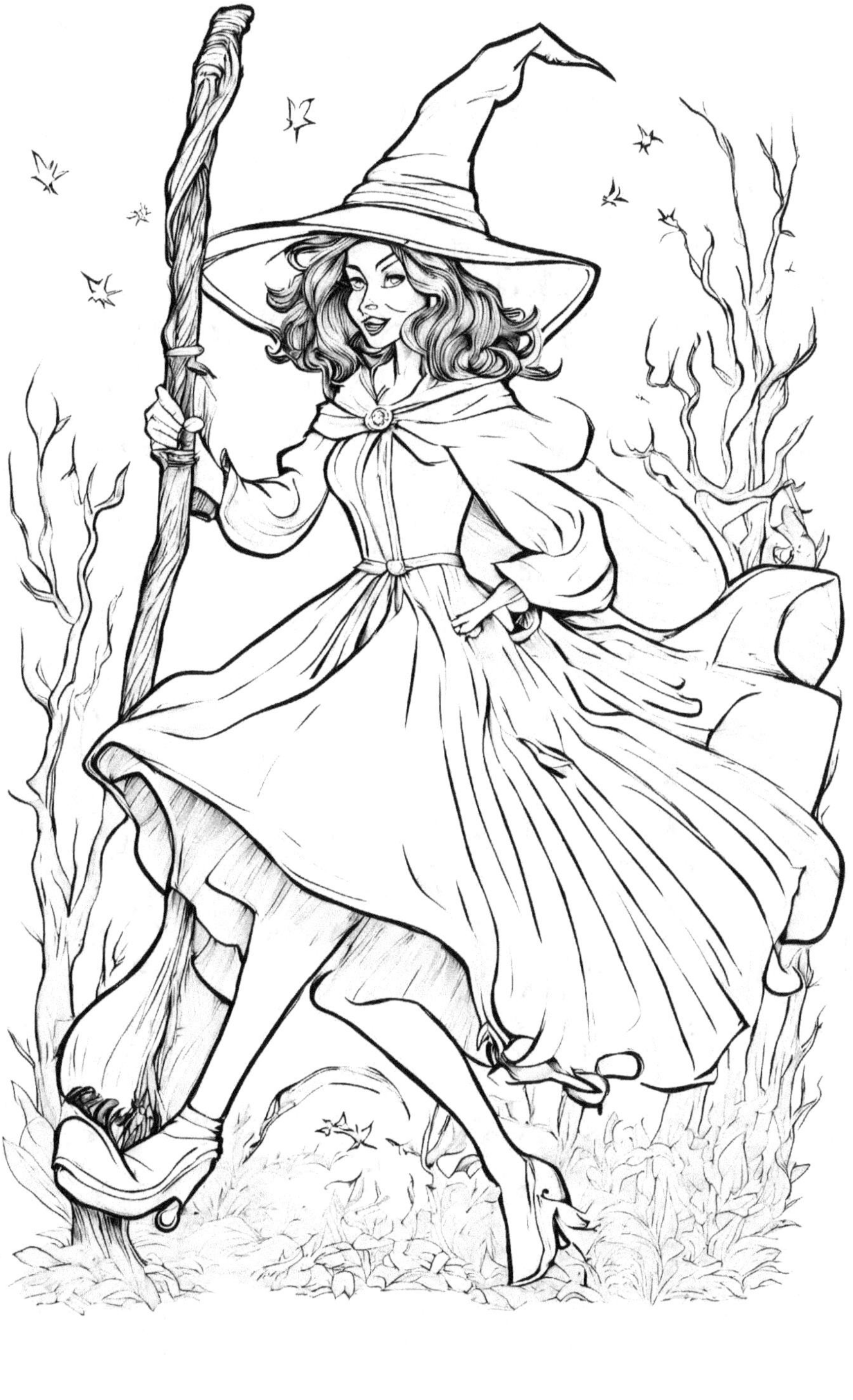

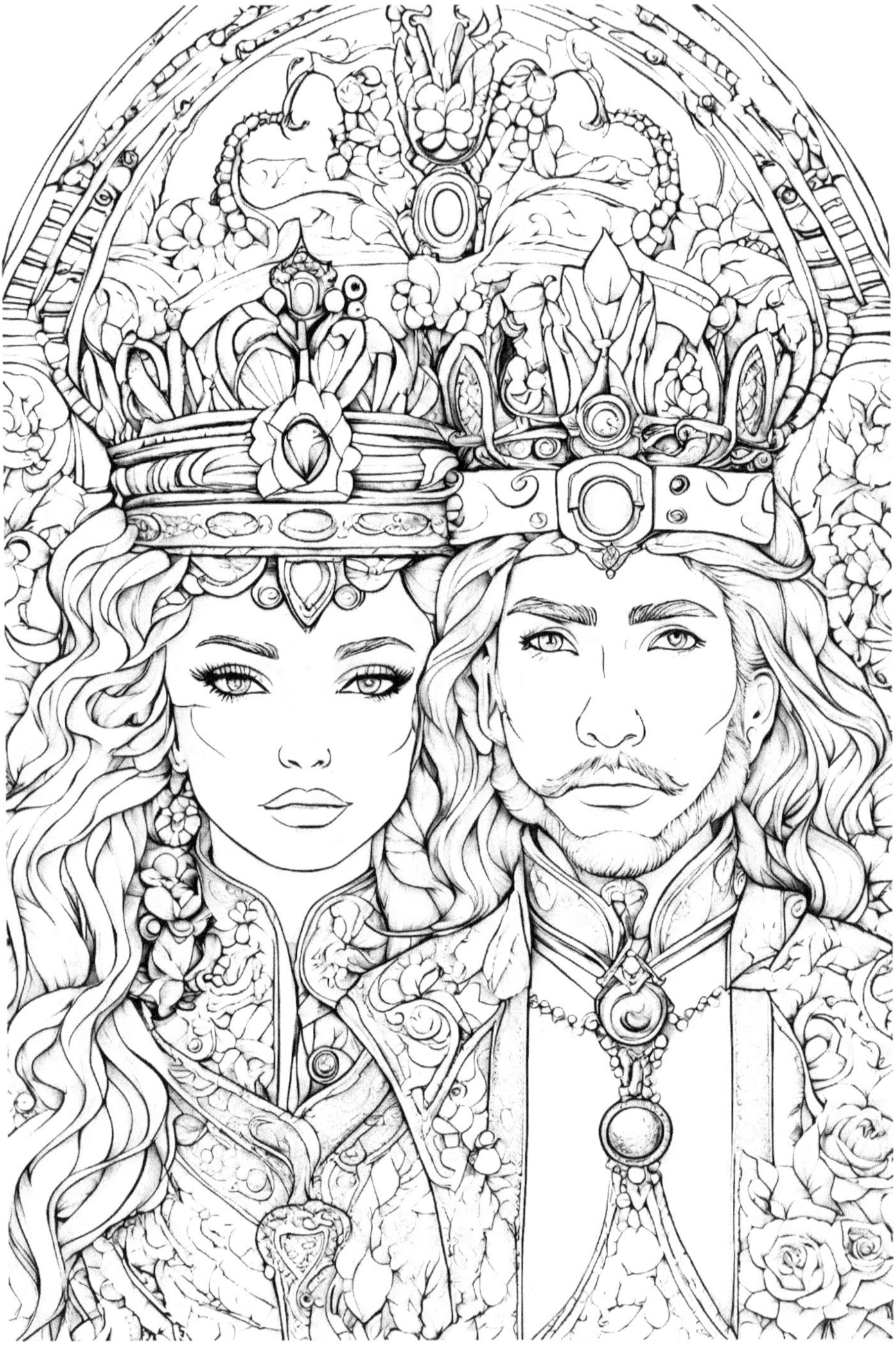

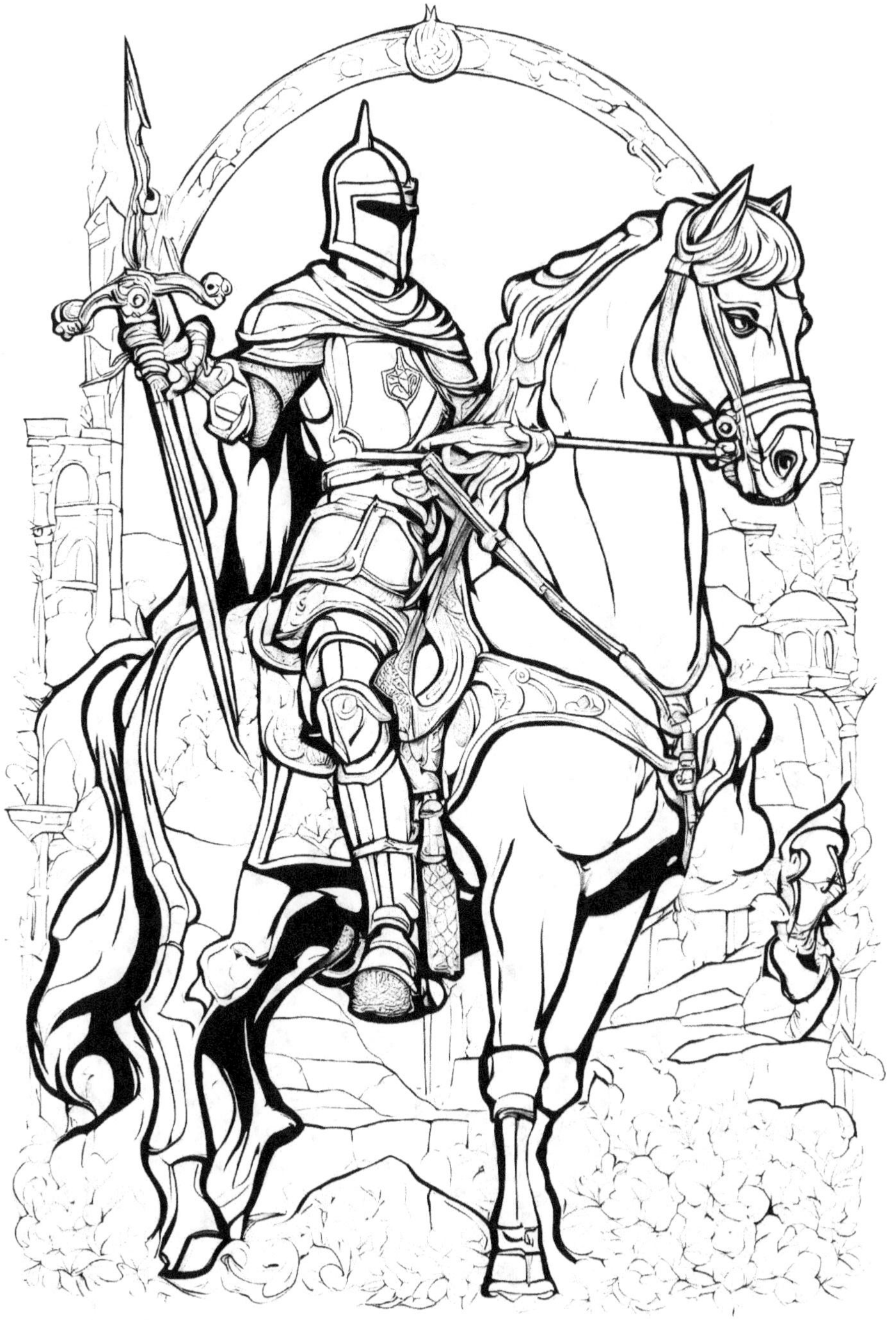

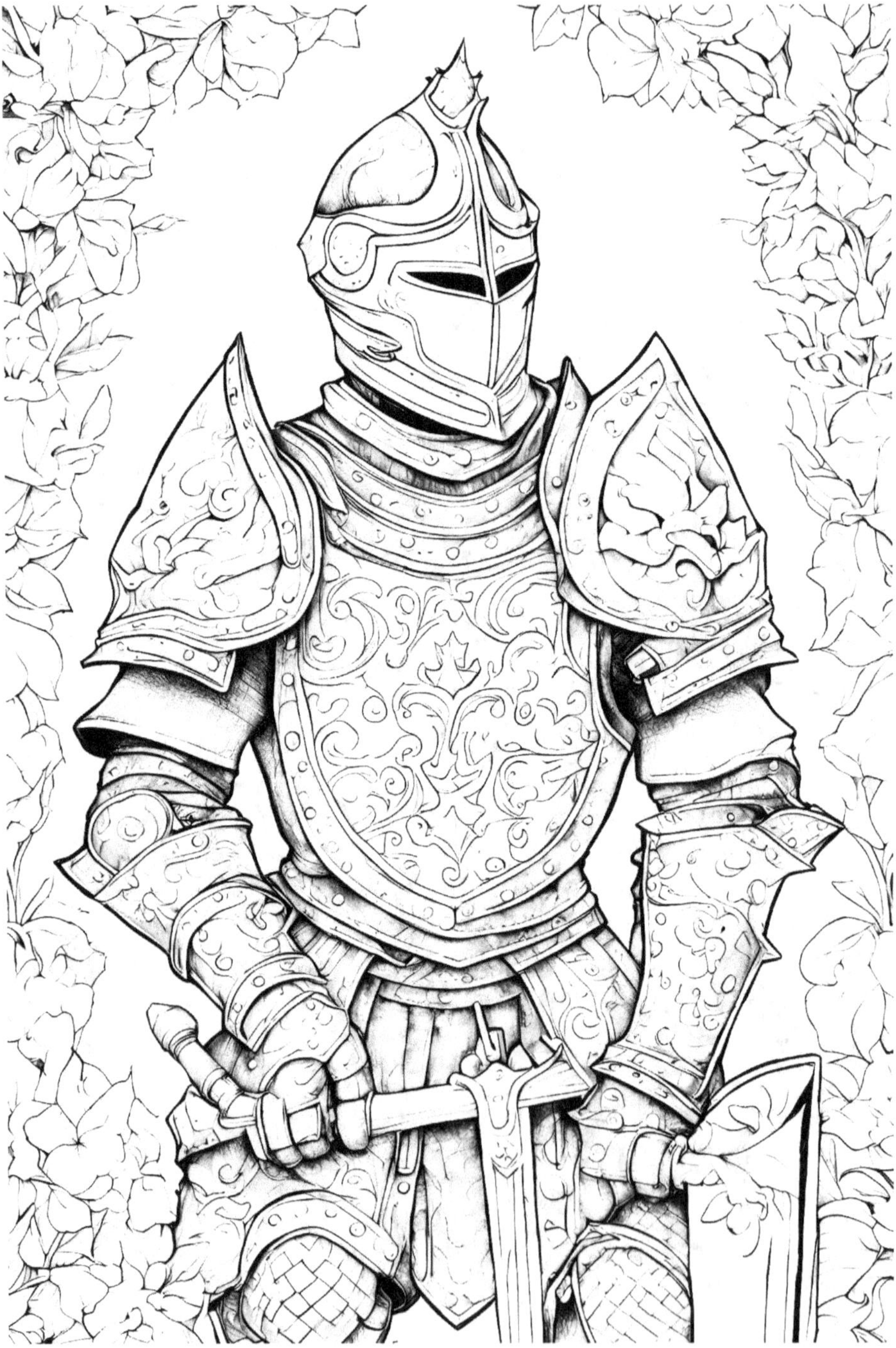

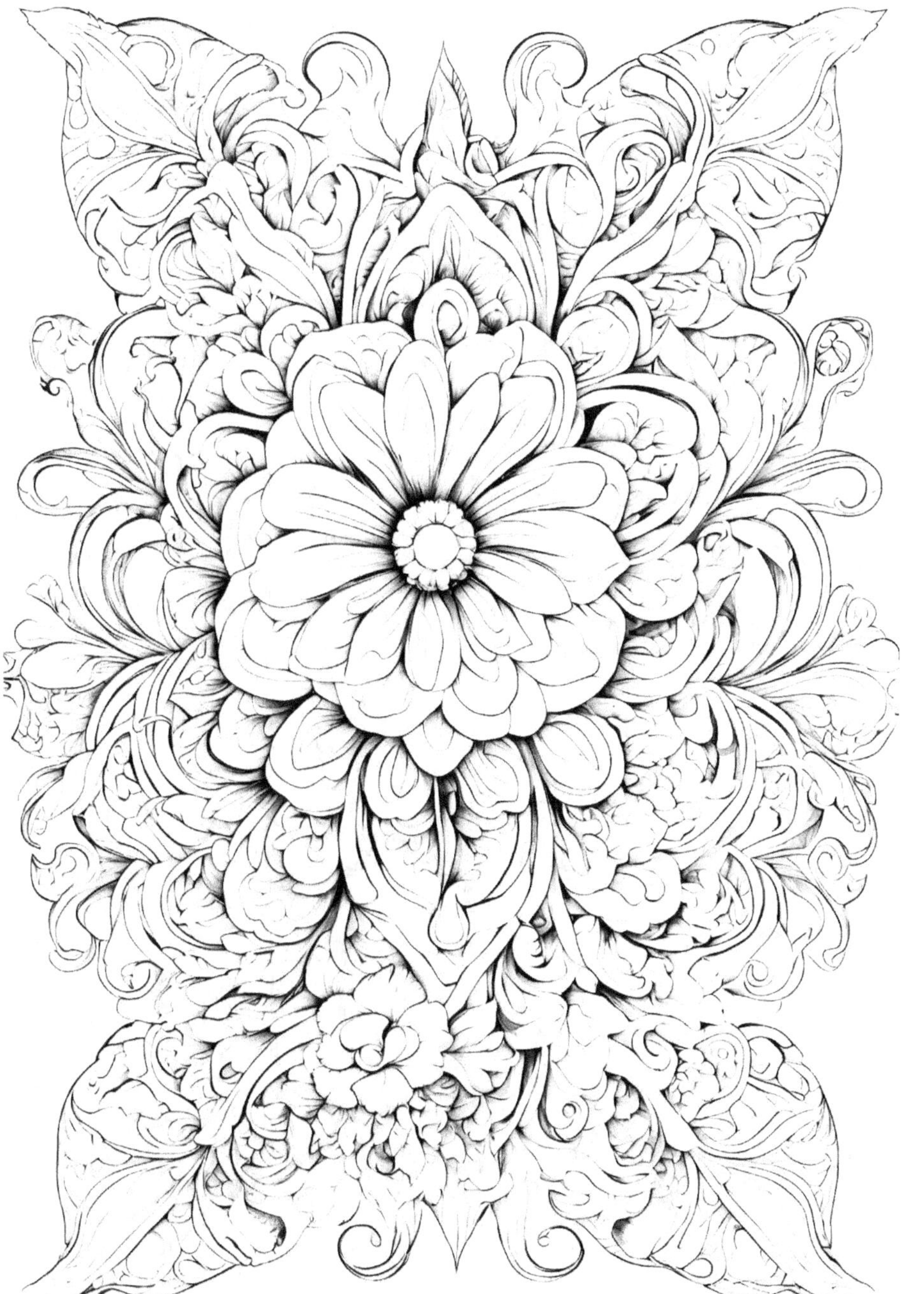

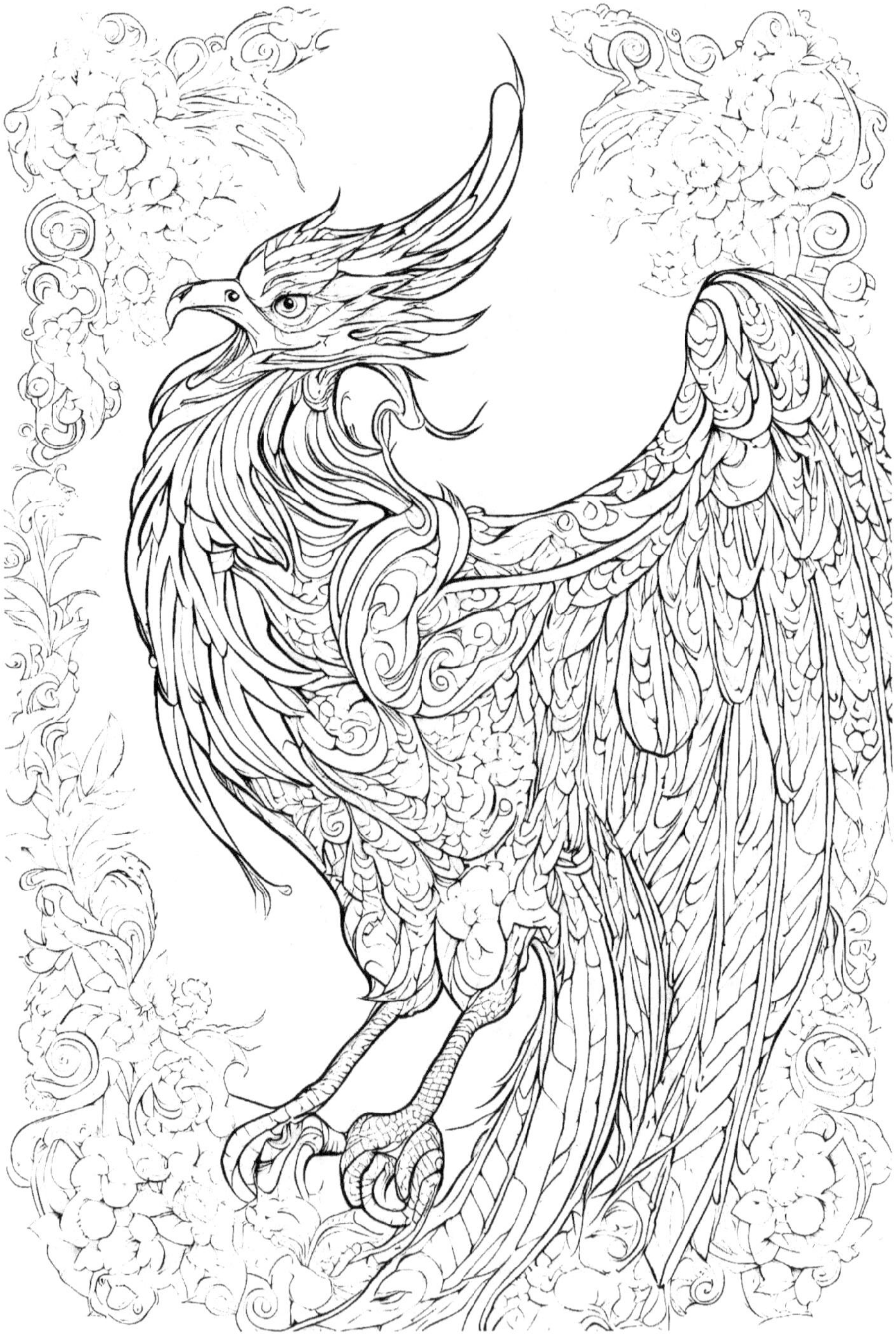

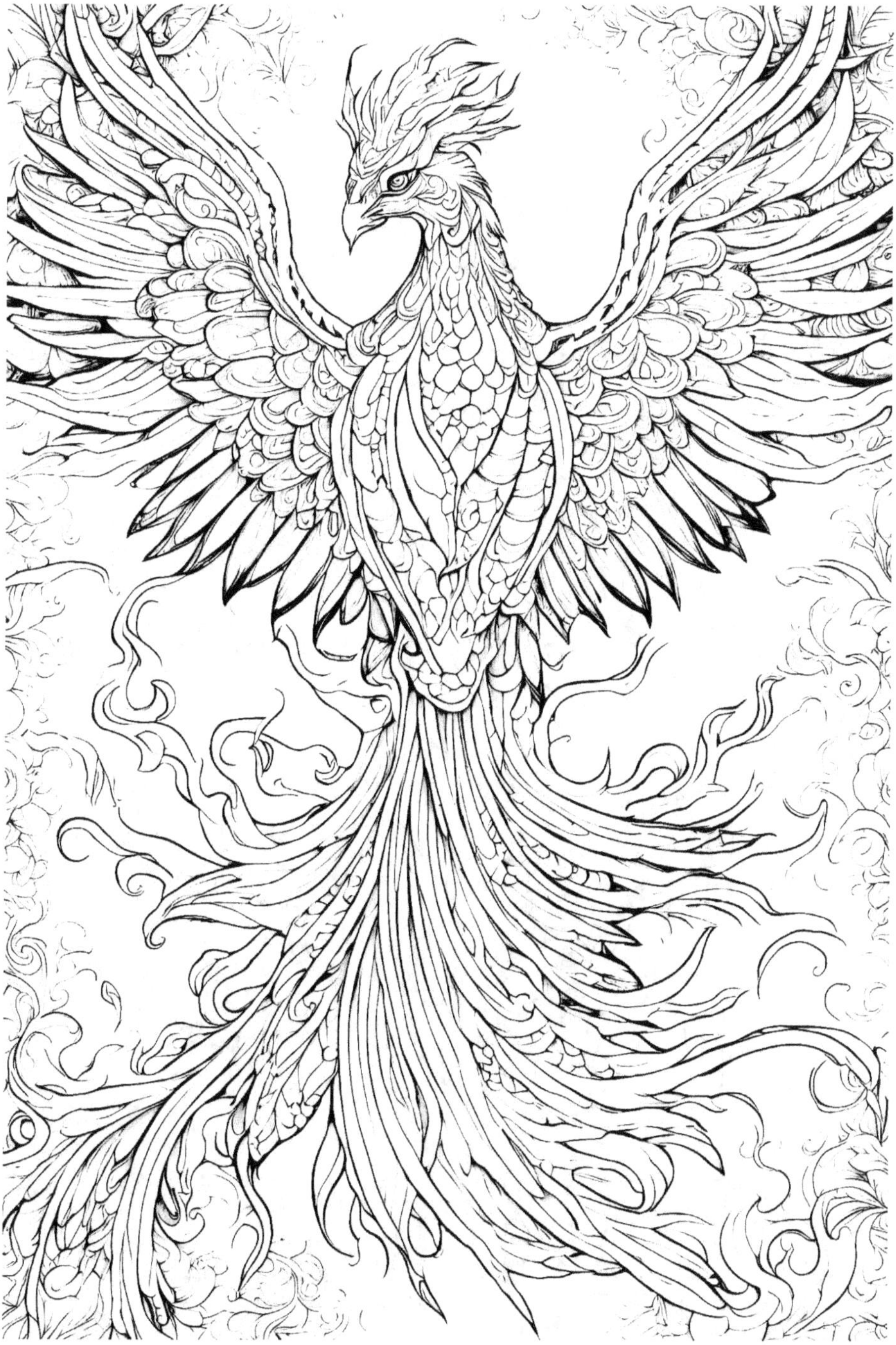

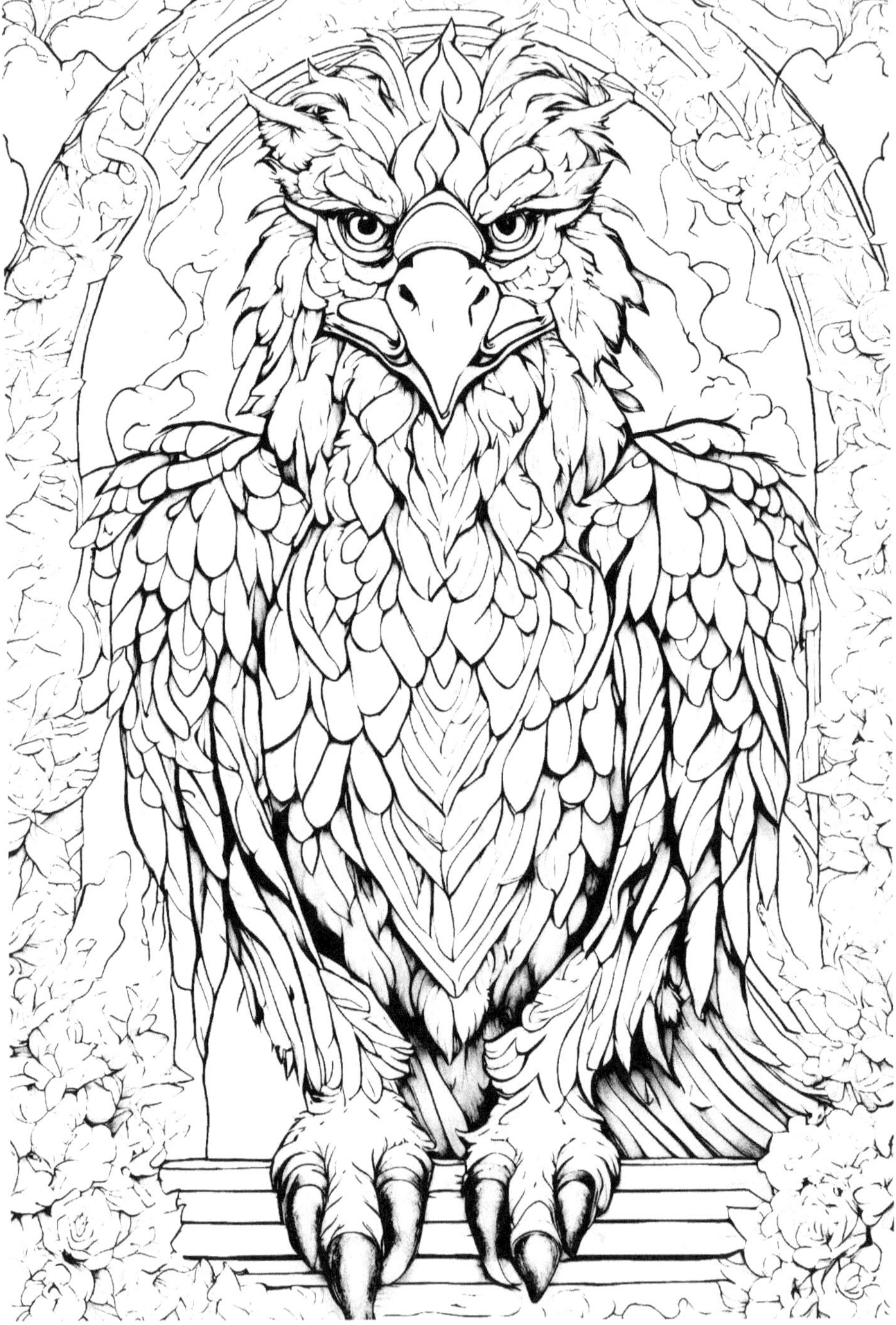

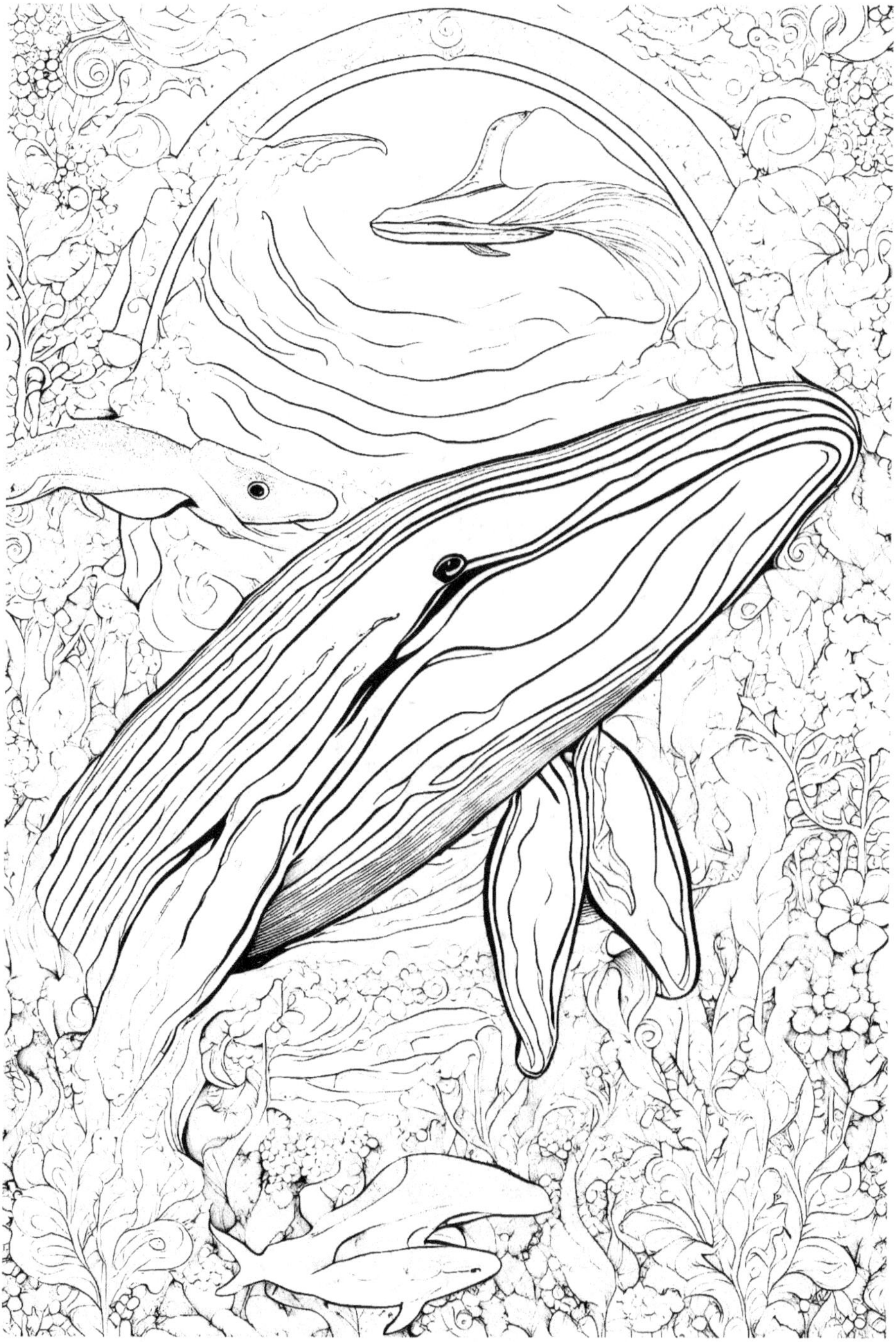

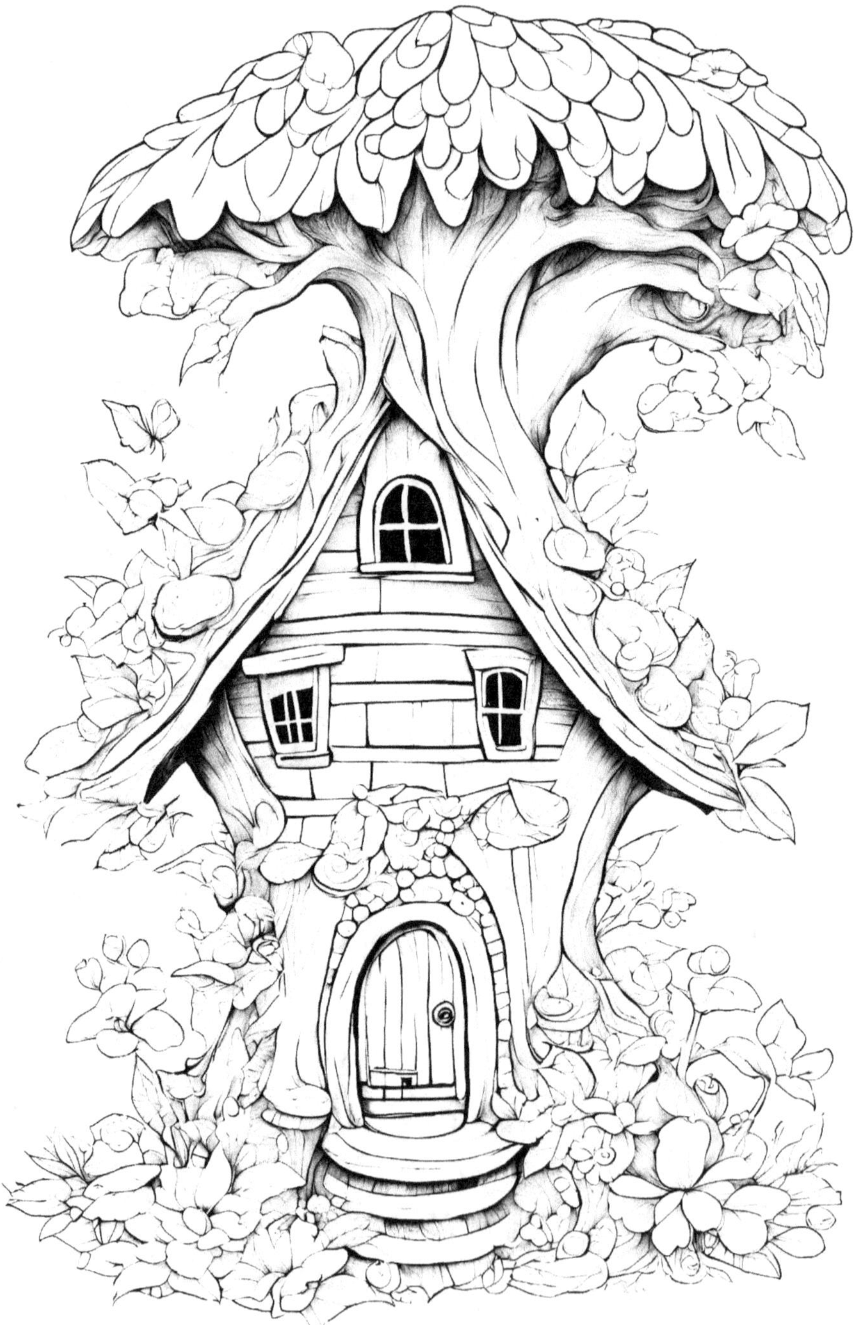

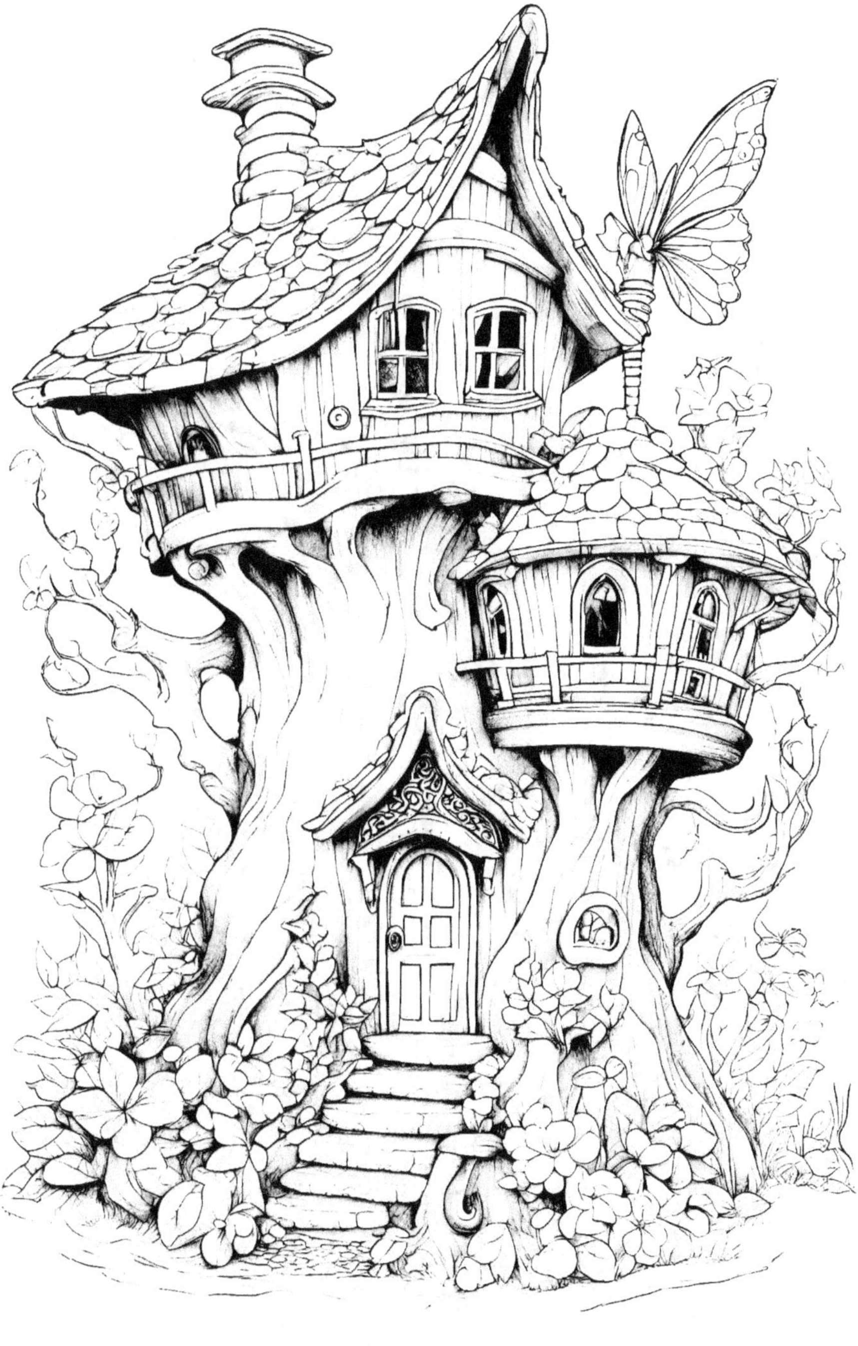

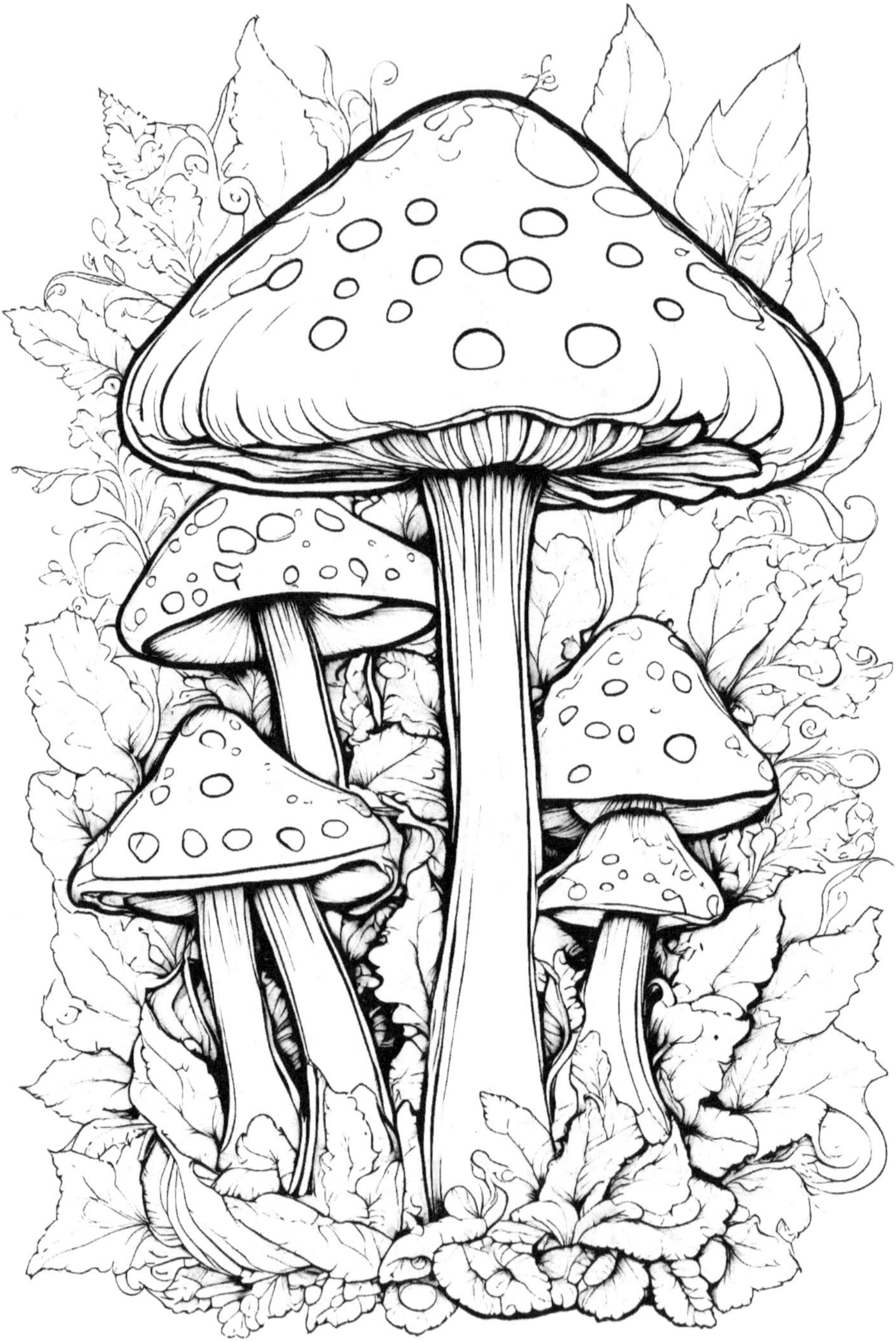

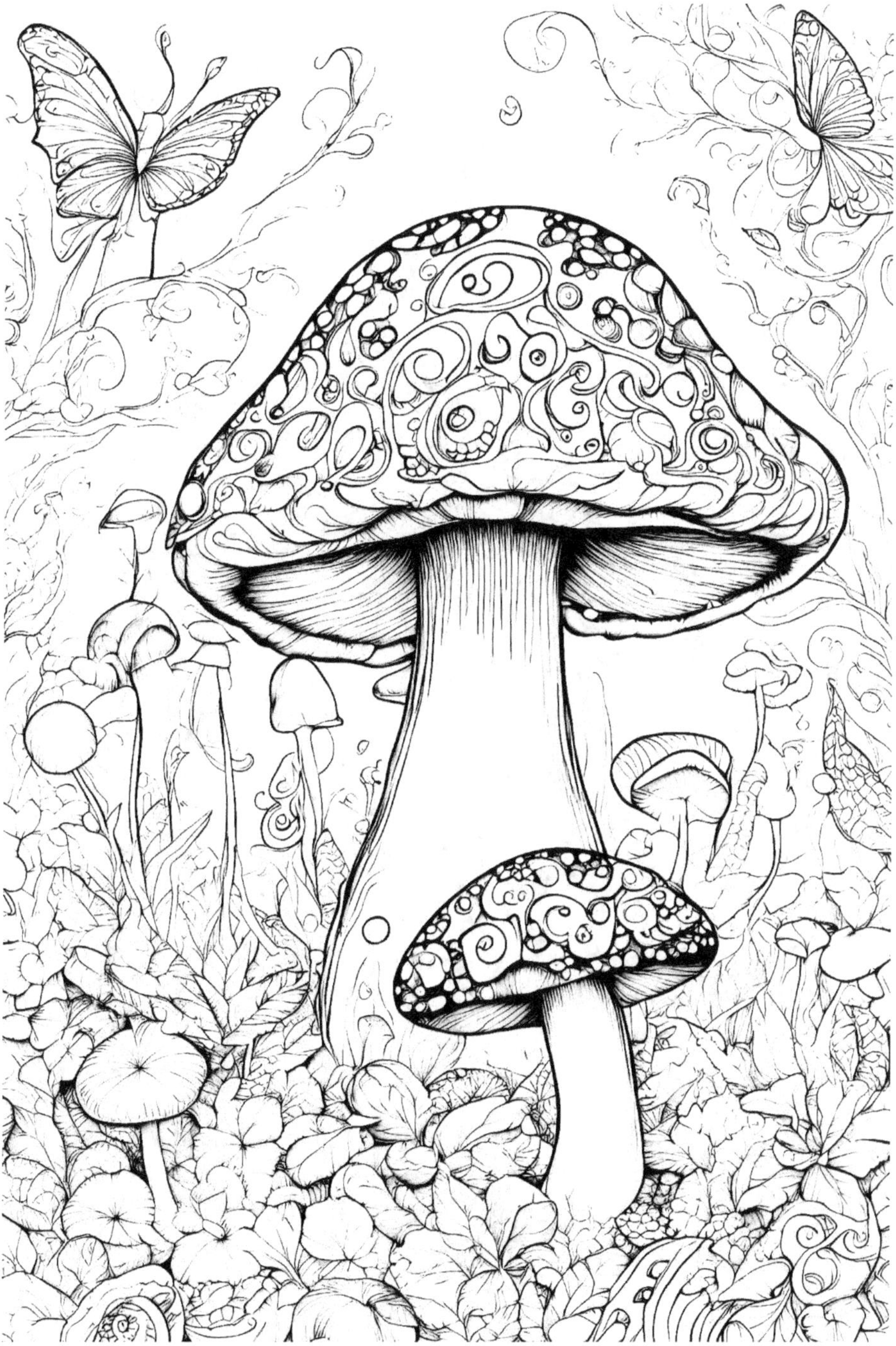

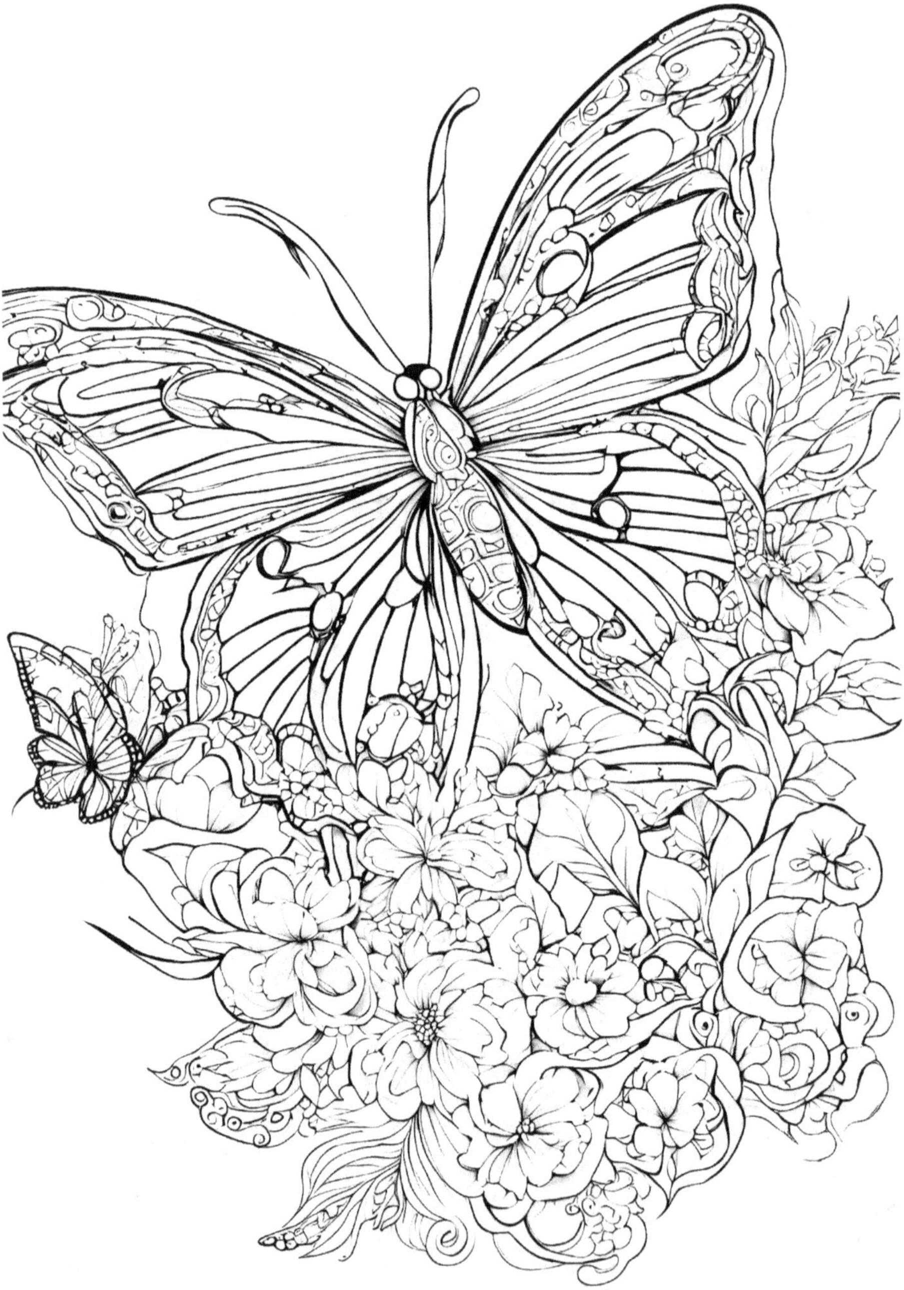

www.ingramcontent.com/pod-product-compliance
Lightning Source LLC
Chambersburg PA
CBHW050026230526
45470CB00003B/1146
* 9 7 9 8 3 2 5 6 5 3 4 3 8 *